AI 위험사회와 정치

AI총서

인공지능 시대입니다. 기계가 인간의 인지를 대신하고, 사물이 인간을 통하지 않고 다른 사물과 직접 커뮤니케이션합니다. 이에 따른 인간 삶과 문명 변화를 정확히 이해 · 예측 · 대응하는 것은 이 시대 우리 모두의 과제입니다. AI총서는 인공지능 기술과 환경의 여러 주제를 10가지 키워드로 정리합니다. 관련 개념과 이론, 학계와 산업계의 쟁점, 우리 일상의 변화를 다룹니다. 인간과 기술의 현재, 미래를 세심히 분석합니다.

일러두기

- 인명, 작품명, 저서명, 개념어 등은 한글과 함께 괄호 안에 해당 국가의 원어를 병기했습니다.
- 외래어 표기는 현행 어문규정의 외래어표기법을 따랐습니다. 다만 '울리히 벡'은 학계의 관행을 따랐습니다.

처음이세요?

전문가세요?

AI 위험사회와 정치

최윤재

대한민국, 서울, 커뮤니케이션북스, 2025

AI 위험사회와 정치

지은이 최윤재
펴낸이 박영률

초판 1쇄 펴낸날 2025년 11월 25일

커뮤니케이션북스(주)
출판 등록 2007년 8월 17일 제313-2007-000166호
02880 서울시 성북구 성북로 5-11
전화(02) 7474 001, 팩스(02) 736 5047
commbooks@commbooks.com
www.commbooks.com

ISBN 979-11-430-1166-4 03500

책값은 뒤표지에 표시되어 있습니다.

차례

확증편향 시대,
알고리즘은 누구를 위한 것인가

"저 사람들은 왜 저렇게까지 화를 낼까."

요즘 뉴스를 보거나 광장의 풍경을 보면, 문득 그런 생각이 든다.

자신과 다른 정치적 견해를 가진 사람을 마주할 때, 마치 존재 자체가 불쾌하다는 듯 분노와 혐오가 쏟아진다. 그런데 흥미로운 점은, 이들이 실제로는 서로를 거의 알지 못한다는 사실이다. 같은 공간에서 함께 살아가지만, 전혀 다른 세계를 보고 듣고 느끼며 지내는 듯하다.

우리는 살아가며 누군가를 미워하게 되는 순간을 경험한다. 금전적 피해, 물리적 폭력, 면전의 모욕은 당연히 분노를 낳는다. 때로는 대응 방법을 찾기도 한다. 이러한 정서는 스스로와 공동체를 보호하려는 본성에서 비롯되었을지 모른다. 물론 이러한 분노와 그에 따른 행위는 법과 질서, 그리고 사회적 규범이 정해 놓은 일정한 '선'의 범위 안에서 대부분 제어된다.

하지만 최근의 분노는 양상이 근본적으로 다르다. 일

상의 상처에서 비롯된 감정이 미디어를 매개로 '정치'라는 상징적 장면으로 이동하면서, 개인적 미움이 공적 혐오로 번지고 있는 것이다. 우리는 직접 경험하지 않은 피해를 대리 경험하고, 그 감정의 화살을 가장 잘 보이는 얼굴-정치인-에게 겨눈다.

때문에 요즘 '격렬한 증오'의 대상은 종종 정치인이 된다. 사실 정치인을 향한 지지나 반감은 늘 있어 왔지만, 최근에는 열렬한 숭배와 극도의 혐오가 일상적으로 관찰된다. 군부독재 시기처럼 권력이 시민에게 직접 물리적 피해를 가하는 맥락과 달리, 오늘의 분노는 주로 미디어에 비친 언행과 온라인 공간의 이미지 · 발화를 통해 증폭된다.

그리고 여기에 지난 10여 년 사이 급격히 확산한 사회관계망서비스(SNS)가 강력한 연소 장치로 결합했다. 즉, 우리는 SNS를 통해 특정 정치인을 혐오할 명분을 날마다, 아니 거의 매순간 얻고 있는 것이다.

어쩌다 우리는 이렇게까지 멀어진 걸까?

이 책은 그런 질문에서 출발한다. 그리고 그 배후에 자리한 조용하고도 강력한 기술, 바로 '인공지능 알고리즘'에 주목한다.

인공지능(AI, Artificial Intelligence)은 인간을 돕기 위해 만들어졌다. 하지만 아이러니하게도, 인간이 회피하고 싶은 성향 중 하나인 '확증 편향'을 강화하며, 사회 전체를 낯선 방향으로 이끌고 있다.

SNS는 우리에게 익숙한 콘텐츠만을 보여 준다. 유튜브는 우리가 보고 싶어 할 만한 영상만을 연이어 추천한다. '너를 잘 안다'는 알고리즘의 설계는 점차 '너를 하나의 방향으로 몰아간다'는 결과를 낳는다. 그렇게 우리는 보고 싶은 것만 보고, 듣고 싶은 것만 듣게 되며, 나와 다른 의견은 점점 더 이상하고, 불쾌하고, 심지어는 위험하다고 느끼게 된다.

문제는 이 모든 과정이 매우 조용하게, 효율적으로, 그리고 비자각적으로 일어난다는 데 있다. 우리는 스스로를 통제한다고 믿지만, 실제로는 우리를 잘 안다고 말하는 기술이 우리를 설계하고 있는지도 모른다. 알고리즘은 중립적이지 않으며, 인간의 인식과 감정, 판단을 재편성하는 기술적 권력이다. 그 권력은 새로운 가능성을 열어 주지만, 때로는 민주주의와 사회 통합의 기반을 약화하는 방향으로 작동한다.

책의 구성

이 책은 단순히 기술의 위험성을 경고하려는 것이 아니다. 기술이 우리 사회와 정치, 인식의 구조에 어떤 의도치 않은 결과를 낳고 있는지를 설명하고, 우리가 마주한 이 변화 앞에서 어떤 비판적 사유와 정책적 상상력이 필요한지를 함께 고민하려는 시도다.

울리히 벡(Ulrich Beck)의 위험사회론과 재난 담론의 정치화 이론은 이 책의 핵심 이론적 기반이다. AI는 전통적인 재난과는 다르지만, 사회적 제도를 무력화하고, 새로운 권력 구조를 형성하며, 특정한 해석을 중심으로 질서를 재구성한다는 점에서 재난과 유사한 성격을 지닌다. 우리가 지금 마주한 것은 단순한 정보기술의 발전이 아니라 인지적 재난, 사회적 극단화, 정치적 과잉이라는 다층적인 변화다.

그렇다면 우리는 어디로 가야 할까? 이 책의 마지막 장은 바로 그 질문에 답해 보려 한다.

민주주의를 지키기 위해 기술은 어떻게 다시 설계돼야 하는가? 우리는 어떤 알고리즘 생태계를 요구해야 하는가? 민주주의의 핵심 가치는 정치 참여나 투표 절차만으로 충분한가? 정보, 사고, 이해력 등 시민의 인지적 환경 전반에 초점을 맞추는 민주주의는 가능한가? AI가 만들어 내는 위험사회의 정치는 이런 질문에서 출발한다.

브레이크와 핸들

자동차에는 차량을 앞으로 나아가게 하는 핵심 조절장치로 가속페달이 있다. 그리고 더불어 브레이크와 핸들도 있다. 과도하게 제동장치나 조향장치를 다루면 자동차는 빠르게 나아갈 수 없다. 하지만 때로는 적당한 제동과 조향이 차량을 더 빠르고 더 멀리 나아가게 해 줄 수 있다.

이제 우리는 바야흐로 AI 시대에 들어섰다. AI가 우리의 일상 깊은 곳까지 들어오는 것을 막을 수도 없고, 그래서도 안 된다고 생각한다. 다만, 당연한 말이지만 우리가 주인의 자리를 내어주어서는 안 된다. 즉, AI가 우리에게 전달하는 정보의 판단 주권마저 AI에게 일임해서는 안 된다는 것이다.

하지만 유감스럽게도 기술의 발전은 그것마저 가능하게 만들었고, 사람들은 이에 고무되어 그 판단 주권을 내어주고 있다. 적당한 제동과 조향이 필요한 오늘이다.

기술과 인간, 위험과 정치, 알고리즘과 민주주의의 경계에서 고민하는 모든 분들께 이 책이 작은 이정표가 되기를 바란다. 서로 다른 세계를 보고 사는 우리가 다시 공통의 세계를 발견할 수 있도록, 이 책이 조금이나마 새로운 시선과 통찰을 제공하길 바라 본다.

우리가 다시 판단의 주권을 손에 쥘 때, AI 기술은 비로소 민주주의의 동반자가 될 것이다.

01
인간을 위해 설계된 AI, 인간을 왜곡하다

AI는 인간의 편의를 위해 만들어졌지만, 그 과정에서 인간의 인식 방식을 바꾸고 있다. ‘맞춤형 정보’는 결국 ‘편향된 정보’가 되고, 우리는 점점 자기 생각의 울타리 속에 갇히게 된다.

기후 위기와 인공지능?

AI가 만든 안전한 울타리 속의 감금

AI는 인간의 편의를 위해 만들어졌지만, 그 과정에서 인간의 인식 방식을 바꾸고 있다. '맞춤형 정보'는 결국 '편향된 정보'가 되고, 우리는 점점 자기 생각의 울타리 속에 갇히게 된다.

AI는 인간의 능력을 확장하기 위해 설계된 기술이다. 더 많이 계산하고, 더 빠르게 예측하며, 더 정확하게 판단하게 하는 것. 그것이 AI 개발의 주된 명분이었다. 그 시작에는 분명 '인간을 위함'이라는 의도가 있었다. 그러나 기술은 그 자체로 중립적이지 않다. 그것이 어떻게 사용되는지에 따라, 그리고 누가 설계하고 어떤 조건에서 작동하는지에 따라, 그 영향은 극명하게 달라진다(Biju & Gayathri, 2025).

오늘날 우리는 AI가 편의성과 효율성을 제공하는 동시에, 인간의 인식 방식에 중대한 영향을 미치고 있음을 목도하고 있다. 알고리즘은 우리가 보고 싶은 것만 보여주고, 듣고 싶은 것만 들려주며, 우리가 익숙한 정보만 반복적으로 노출한다. 이는 점점 더 개인화한 정보 환경을 만들어 내고, 그 결과 인간은 자기 생각의 울타리 안에 갇힌다. 정보는 많아졌지만, 다원성과 객관성은 오히려 사라진다. '맞춤형 정보'는 어느새 '편향된 정보'로 변질된다(오요한 · 홍성욱, 2018).

AI는 분명 인간의 편의를 위해 설계되었지만, 그 과정에서 인간 자신을 왜곡하고 있는 것이다. 이 장에서는 기술의 발전이 어떻게 인간의 욕망과 맞물리며 위험한 결과를 초래하는지 고찰하고, 특히 AI가 인간 사회에 미치는 비가시적 왜곡의 작동 원리를 비유와 사례를 통해 탐색한다.

인간의 도전 VS 욕망

옛날 옛적, 가난한 어부가 살고 있었다. 바다에서 물고기를 잡아 연명하던 그는, 어느 날 숲속 깊은 곳에서 낡고 오래된 요술 맷돌 하나를 얻게 된다. 그 맷돌은 마치 살아 있는 것처럼 속삭였다.

"저를 돌려 주세요. 그럼 원하는 것을 드릴게요."

어부는 조심스럽게 맷돌을 돌렸다. 그러자 눈앞에서 소금이 하얗게 쏟아져 나오는 것이다. 그것은 단순한 소금이 아니라, 고된 삶을 풍요롭게 바꾸어 줄 '기술'이자 '기적'이었다. 그 이후 어부는 가난에서 벗어나 넉넉한 삶을 살게 된다. 마을 사람들도 그를 부러워했고, 소금은 금처럼 귀한 대접을 받았다. 하지만 문제는 거기서부터 시작된다.

"조금만 더, 아주 조금만 더."

어부는 점점 더 많은 소금을 원하게 되었고, 이내 욕망은 멈출 줄 몰랐다. 그는 맷돌을 배에 싣고 바다로 나갔다. 육지보다 더 많은 이윤을 위해, 그는 멈추는 방법도 모른 채 바다 위에서 맷돌을 돌렸다. 소금은 넘쳐흘렀고, 배는 무거워졌으며, 결국 파도 속으로 가라앉았다. 그 후로 바닷물이 짜졌다고 한다.

이 이야기는 단순한 전래동화지만, AI와 함께 살아가는 오늘날 우리에게도 중요한 교훈을 준다. 기술이 인간에게 준 축복, 그리고 그 축복이 욕망과 만나 비극으로 바뀌는 순간을 상징적으로 담아낸 경고다. 요술 맷돌은 언제나 우리 손안에 있고, 우리는 여전히 맷돌을 돌리는 중이다. 하지만 멈추는 방법은 잘 모르는 것 같다.

오늘날의 AI는 요술 맷돌과 크게 다르지 않다. 처음에는 분명 인간의 삶을 보다 윤택하고 편리하게 만들기 위한 도구였다. AI는 인간이 하기 어려운 계산을 대신 수행하고, 수많은 데이터를 분석하며, 사람보다 빠르고 정확하게 문제를 해결해 준다. 인간의 한계를 보완하는 기술로서 AI는 그 자체로 혁신이었다.

하지만 문제는 더 많이 사용하려는 '욕망', 그리고 그것이 제공하는 편리함이 일정한 '경계'를 넘어서는 순간부터 시작된다. AI가 인간의 계산 능력을 대신하는 정도를 넘어, 인간의 판단 능력까지 대체하게 되었을 때, 우리는 스스로 무엇을 믿고, 어떻게 결정할지를 AI에 위임해 버리게 된다. 결국 인간은 기술을 통해 더 강력해지려 했지만, 도리어 자신의 판단을 빼앗기고 있다.

AI가 처음 등장했을 때, 사람들은 '얼마나 더 정확하게 계산할 수 있는가'라는 물음을 던졌지만, 이제는 '누구를 위해 무엇을 계산할 것인가'라는 정치적이고 윤리적인 질문을 던질 차례다. AI는 더 이상 도구가 아니라, 인간 사회를 구성하고 변형시키는 하나의 행위 주체로 변모했다. 알고리즘이 보여 주는 정보는 중립적이지 않다. 그것은 설계자의 가치, 데이터의 편향, 그리고 사용자의 욕망이 복합적으로 작용한 결과물이다.

결국 AI는 인간의 도전이자 욕망의 산물이 되어 버렸다. 적절히 사용될 때는 풍요와 효율을 안겨 주지만, 그 욕망이 통제되지 않을 때에는 인간 스스로를 왜곡하고 파괴하는 결과를 낳는다. 그리고 지금 우리는, 그 경계선 위에 서 있다. 마치 어부의 배를 침몰시키기 직전의 요술 맷돌처럼 말이다.

AI를 가르치는 인간과 인간을 가르치는 AI

AI는 끊임없이 학습한다. 그러나 그것은 스스로 배우는 것이 아니라, 인간이 가르친 방식대로 배우는 것이다. 말하자면, AI는 '학습'을 통해 진화하는 존재이지만, 그 학습의 내용과 방향은 철저히 인간이 결정한다. 이 지점에서 우리는 하나의 중요한 질문을 던져야 한다.

"AI를 가르치는 인간은 누구이며, 그는 어떤 세계관과 기준을 가진 존재인가?"

AI는 때로 인간보다 정확하다. 그러나 그 정확함은 인간이 주입한 훈련 데이터와 판단 기준에 기반을 둔 것이다. 그리고 그 훈련 데이터는 결코 중립적이지 않다. 기술자와 설계자의 손을 거친 데이터는 세상을 어떻게 인식하고 해석할 것인지에 대한 일종의 규범적 선택을 이미 내포하고 있다.

과거 몇몇 인터넷 포털의 사진첩 기능은 이러한 한계를 적나라하게 드러낸 바 있다. 당시 AI는 아프리카계나 아시아계 인물의 얼굴을 사물로 잘못 분류하거나, 책상이 가득한 교실 사진을 '음란물'로 판단해 접근을 차단하는 오류를 범했다. 이는 단순한 기술적 문제로 치부될 수 없었다. 그 안에는 인간의 인종, 문화, 신체에 대한 편향적 인식이 비가시적으로 내재되어 있기 때문이다.

이후 해당 알고리즘들은 지속적인 수정과 보완을 거쳐 개선되었지만, 여전히 완전하다고 말할 수는 없다. 여전히 어떤 인터넷 사진첩은 TV 화면에 나타난 배우의 얼굴을 사용자의 친구로 인식하거나, 낯선 그림자나 패턴을 '사람의 얼굴'로 오인한다. AI는 철저히 '무엇인가를 알고 싶어 하는' 존재로서 설계되었지만, 그 앎은 결국 인간이 가르친 것의 반영이다(Shin et al., 2022).

여기서 다시금 구조적인 질문 앞에 서게 된다. AI는 무엇을 배우고 있으며, 그것은 누구로부터 배운 것인가?

AI는 지금도 수많은 인간으로부터 '지식'을 전수받고 있다. 그러나 그 '인간'은 모든 인간을 대표하지 않는다. AI 알고리즘을 작성하는 사람들은 대체로 특정한 사회 · 경제 · 문화적 배경을 가진 기술자들이다. 그들이 뛰어난 코딩 실력을 가졌다는 이유만으로, 세상을 해석하는 그들의 방식이 보편적 진리일 수는 없다. 이 점에서, AI는 선구적 철학자가 아니며, 동시에 그것을 만든 인간 또한 완전무결한 철학자가 아님을 인정해야 한다(Burrell & Fourcade, 2021).

세상의 어떤 철학자도 인간을 위한 완벽한 철학을 제시하지 못했다. 세상의 어떤 교육자도 모든 학생을 완벽하게 가르친 적이 없다. 마찬가지로, 어떤 인간도 AI에게 '보편적 진실'을 입력할 수는 없다. 하지만 문제는, AI가 그 제한을 넘어서려는 구조를 갖고 있다는 점이다.

AI는 시간과 공간의 경계를 넘나든다. 인간이 몇 년, 몇십 년에 걸쳐 익히는 지식을 단 몇 시간 만에 흡수하고, 전 세계의 정보를 하나의 시스템 안에 통합할 수 있다. 이처럼 AI는 시공간 응축성이라는 특성을 통해 인간의 한계를 뛰어넘는다. 그러나 아무리 뛰어난 계산 능력과 학습 속도를 지녔다 하더라도 무엇을 학습할지, 어떤 방향으로 판단할지는 여전히 인간의 입력에 달려 있다. 그리고 바로 이 지점에서 중요한 문제가 발생한다.

누가 AI를 가르칠 것인가. 어떤 인간이, 어떤 가치관을 가지고, 어떤 목적을 위해 AI를 설계할 것인가.

불완전한 교사가 불완전한 가르침을 제공할 때, 그 제자로서 AI는 결코 그 한계를 벗어날 수 없다. 오히려 그 한계를 그대로 복제하고, 더 정교하게, 더 빠르게, 더 보편적인 체계로 확장해 버릴 수 있다. 결국 우리는 AI를 통해 인간을 가르치는 시대에 진입했지만, 실상은 불완전한 인간이 만든 AI가 다시 인간을 되가르치고 있는 상황에 처한 것이다.

이것이 바로 AI 시대가 안고 있는 역설이다. 기술은 더 정확해지고, 더 효율적이며, 더 광범위한 학습이 가능해졌지만, 그 토대 위에는 여전히 인간의 불완전성과 편향이 깔려 있다. AI가 아무리 많은 데이터를 학습하더라도, 그것이 윤리적 성찰이나 철학적 사유를 담보할 수는 없다(Burrell & Fourcade, 2021; Tsamados et al., 2022; Kempt & Heilinger, 2024).

문제는 'AI가 무엇을 모르는가'가 아니다. '우리가 AI에게 무엇을 가르치지 않았는가'에 있다. 그리고 이 자각이 없을 때, 우리는 결국 AI의 오류 속에서 인간의 책임을 마주하게 된다.

참고문헌

오세욱(2018). "알고리즘화(Algorithmification): 미디어의 핵심 논리로서 알고리즘". 《언론정보연구》, 55(2), 74~111쪽.

오요한 · 홍성욱(2018). "인공지능 알고리즘은 사람을 차별하는가?". 《과학기술학연구》, 18(3), 153~215쪽.

정원섭(2020). "인공지능 알고리즘의 편향성과 공정성". 《인간·환경·미래》, 25, 55~73쪽.

Barnes, A. J. et al.(2024). AI and culture: Culturally dependent responses to AI systems. *Current Opinion in Psychology, 58*, 101838.

Biju, P. R. & Gayathri, O.(2025). Algorithmic solutions, subjectivity and decision errors: a study of AI accountability. *Digital Policy, Regulation and Governance, 27*(5), pp.523~552.

Burrell, J. & Fourcade, M.(2021). The society of algorithms. *Annual Review of Sociology, 47*(1), pp.213~237.

Dourish, P.(2016). Algorithms and their others: Algorithmic culture in context. *Big Data & Society, 3*(2).

Kempt, H. & Heilinger, J. C.(2024). The Ethics of (Generative) AI. *Critical AI, 2*(1).

Shin, D. et al.(2022). The effects of cultural dimensions on algorithmic news: How do cultural value orientations affect how people perceive algorithms?. *Computers in Human Behavior, 126*, 107007.

Tsamados, A. et al.(2022). The ethics of algorithms: key problems and solutions. *AI & Society, 37*(1), pp.215~230.

02
좋아요와 클릭 사이, 민주주의는 사라진다

알고리즘은 클릭률과 체류 시간 극대화를 목표로 설계된다. 이로 인해 자극적인 콘텐츠가 확산하고, 감정적 분열이 더욱 부각된다. 개개인의 선호를 반영하는 AI 알고리즘은 다양한 관점을 연결하지 않고, 오히려 대화의 기반을 약화하며 민주주의의 핵심인 공론장을 해체한다.

노래하는 AI 보컬?

좋은 것만 드릴게요!

AI는 인간의 결정을 돕기 위해 설계되었다. 그러나 그 AI가 인간의 '결정 그 자체'를 대신하게 되는 순간, 우리는 더 이상 스스로 선택하는 존재라 말할 수 없다. 오늘날 우리가 접하는 대부분의 정보는 더 이상 무작위로 주어지지 않는다. AI 알고리즘은 클릭률과 체류 시간의 극대화를 목표로 설계되며, 그 결과 정보는 개인의 관심사와 감정 반응에 최적화되어 배열된다.

이러한 구조 속에서 자극적이고 분열적인 콘텐츠는 더욱 빠르게 확산하고, 다양한 관점을 연결하기보다는 오히려 일방향 소통이 강화되며 양방향 소통은 약화한다. 정보는 넘쳐나지만, 그것은 다양성의 확장이 아니라 편향성의 강화로 이어진다. 알고리즘은 우리의 감정과 욕망을 겨냥해 '보고 싶은 것만' 보여 주고, '듣고 싶은 것만' 들려준다.

그리고 바로 이 지점에서, 우리는 민주주의라는 제도의 내면이 기술적 환경에 의해 조용하고도 본질적으로 침식되고 있음을 감지하게 된다. 민주주의의 핵심은 공론장, 정보의 공유, 다양한 의견의 합의에 있다. 그러나 알고리즘 사회에서 이 모든 것은 '좋아요'와 '클릭'이라는 소비적 지표 앞에 밀려나고 만다. 인간의 자유로운 판단과 집단적 토론을 전제로 작동하던 민주주의는, 이제 개인화한 정보 소비의 흐름 속에서 점차 그 기반을 잃어 가고 있다.

지금부터 이 문제를 더 자세히 살펴보려 한다. 이를 위해 먼저, 우리가 살아가는 사회의 근본 구조인 '민주주의'를 다시 성찰할 필요가 있다. 민주주의는 단지 '선거를 치르는 체제'가 아니다. 그것이 역사적으로 어떻게 형성되어 왔는지, 어떤 전제와 긴장을 품고 있는지, 그리고 그 유지에는 어떤 조건이 필요한지 살펴보아야 한다.

민주주의의 기원과 구조: 이상과 현실 사이

민주주의는 종종 제도나 절차의 집합으로 단순화하곤 하지만, 그 본질은 훨씬 더 복잡하고 다층적이다. 수천 년에 걸쳐 인간은 어떻게 공동체를 꾸리고, 권력을 나누며, 갈등을 해결할지를 끊임없이 고민해 왔다. 자유와 평등이라는 서로 충돌하기 쉬운 가치를 조화롭게 연결하려는 노력도 그 과정에 포함되어 있다. 그런 의미에서 민주주의는 한 방향으로 나아가는 선형적 진보라기보다는, 끊임없이 흔들리고 부딪히며 균형을 찾아가는 서사에 가깝다. 이 장에서는 그 서사의 몇몇 중요한 순간들을 짚어 본다.

먼저 고대 그리스, 특히 아테네에서 실현된 민주정은 자주 민주주의의 출발점으로 언급된다. 그러나 우리가 이상적으로 상상하는 민주주의의 모습과는 분명 거리가 있다. 정치에 참여할 수 있었던 사람은 극히 제한적이었고 여성, 노예, 이방인은 철저히 배제되었다. 제도적으로는 추첨을 통해 공직자를 뽑는 등 평등성을 일부 확보했지만, 실질적 참여는 극소수의 특권이었다. 흥미로운 점은 역사적으로 민주주의라는 말 자체가 당시에는 항상 긍정적 의미로 받아들여졌던 것도 아니라는 점이다.

플라톤은 대중의 감정적 판단이 공동체를 위험에 빠뜨릴 수 있다고 보았고, 아리스토텔레스 역시 민주정이 군중의 욕망에 휘둘릴 가능성을 경계했다. 다시 말해, 고대 민주정은 우리가 흔히 떠올리는 개방적이고 보편적인 체제라기보다는, 당시에도 논쟁적인 정치 형식이었다(Dahl, 1989; Held, 2006).

이후 로마 공화정으로 넘어가면 민주주의의 다른 면모가 등장한다. 이 시기에는 권력의 분산, 견제와 균형의 원리가 제도 속에 스며들기 시작했다. 귀족과 평민 사이의 권력 조율을 통해 어느 정도의 정치적 안정성이 확보되었지만, 그 구조가 완전하거나 안전했던 것은 아니다. 시간이 흐르면서 대중의 지지를 등에 업은 인물이 등장하게 되고, 그 대표적인 예가 율리우스 카이사르다. 그는 제도 안에서 권력을 정당하게 획득했지만, 그 힘을 기반으로 제도 자체를 뒤흔들었다. 결국 로마는 공화정을 잃고 황제 중심의 제정으로 이행하게 되는데, 이 사건은 훗날 '민주주의의 자기파괴 가능성'을 상징하는 사례로 자주 인용된다(Dahl, 1989; Tocqueville, 1997; Beck, 1993/1998).

이러한 역사적 경험 위에서 근현대 민주주의는 조금씩 형태를 갖추기 시작한다. 프랑스 혁명은 인민 주권과 평등을 내세우며 중앙집권적 민주주의 모델을 만들려 했고, 반면 영국과 미국은 자유주의 전통과 권력 분립을 기반으로 의회 중심의 민주주의를 발전시켰다. 각자의 출발점도 다르고 경로도 달랐지만 결국 선거, 정당, 언론, 시민사회 등 민주주의의 핵심 요소들이 제도화되면서, 오늘날 '민주공화국'이라 부르는 체제의 기반이 마련되었다(Dahl, 1989; Tocqueville, 1997; Beck, 1993/1998).

하지만 이처럼 긴 여정에도 불구하고, 민주주의는 여전히 이상과 현실 사이의 간극을 안고 있다. 법과 제도, 규범이 아무리 정교해도, 그 속을 채우는 건 결국 인간의 태도와 사회적 조건이기 때문이다. 그렇기에 민주주의는 언제나 현재진행형이다. 완성된 체제가 아니라 끊임없이 다시 묻고 다시 조율해야 하는 하나의 과정이라고 볼 수 있다.

민주주의 위기와 긴장: 누가 할 것인가의 문제

민주주의는 흔히 투표를 통해 다수를 뽑는 절차로 이해되곤 하지만, 그것만으로는 설명이 부족하다. 진짜 문제는 누가 어떻게 정치적 정당성을 갖느냐, 그리고 그 정당성이 어디까지 허용되어야 하느냐에 있다. 여기서 자유주의는 민주주의의 '속도 제한장치' 같은 역할을 한다. 다수가 선택했으니 정당하다는 주장 뒤에는, 때로는 소수를 침묵시키거나 권력을 남용할 수 있는 위험이 숨어 있다. 다수결은 민주주의의 핵심 원리지만, 그것이 언제나 정의롭거나 바람직한 결과를 낳는 건 아니다. 자유주의는 그런 무차별적인 다수의 힘을 견제하고, 제도가 권력의 남용으로 이어지지 않도록 끊임없이 경고한다.

하지만 그 균형은 생각보다 자주 깨진다. 형식만 갖추면 내용은 묻히기 쉽고, '절차적 정당성'이라는 이름 아래 다수의 결정이 무제한적으로 통용되는 순간, 자유는 조용히 뒷자리에 앉는다. 표면적으로는 민주주의지만, 실상은 권위주의에 가까운 정치가 이루어지기도 한다.

더 염려스러운 것은 이러한 왜곡이 시민의 이름으로

정당화된다는 사실이다. 대중정치는 언제나 감정을 수반한다. 분노, 기대, 두려움, 환희 같은 감정들은 정치적 선택에 영향을 미치고, 누군가는 그것을 교묘하게 이용한다. 민심은 언제든 움직일 수 있고, 그 움직임은 종종 조작되거나 부풀려지기도 한다. 그러다 보면 '선출되었다'는 이유만으로, 누군가는 모든 걸 할 수 있다는 착각에 빠진다. 우리가 역사 속에서 익히 보아온 이름들 – 로마의 카이사르, 프랑스의 나폴레옹, 독일의 히틀러 – 모두 절차를 통해 권력을 얻었지만, 그 힘으로 절차 자체를 무너뜨렸다. 민주주의가 무너지는 과정은 바깥에서 벌어지는 일이 아니다. 대부분은 내부에서, 정당하다고 믿었던 규칙을 누군가 바꿔 버리는 순간 시작된다(Dahl, 1989, 1998).

결국 민주주의가 얼마나 튼튼하냐는 시민에게 달려 있다. 시민의 참여와 성찰, 책임 있는 태도가 없으면 민주주의는 형식만 남은 껍데기에 불과하다. 무관심은 구멍을 내고, 비판 없이 따르는 태도는 그 구멍을 점점 키운다. 민주주의는 시민의 거울이다. 그 거울이 흐려지면 정치도 뿌옇게 흐려진다. 감시하고, 질문하고, 때로는 거절할 줄 아는 시민, 그리고 공동체의 미래를 나의 문제로 받아들이는 시민. 그런 사람들이 많아질 때, 민주주의는 비로소 쉽게 무너지지 않는 단단한 기반을 가질 수 있다(Dahl, 1989, 1998).

민주주의의 핵심 쟁점: 다원주의와 균형의 정치

민주주의는 단일한 원칙으로 작동하지 않는다. 평등과 자유, 참여와 질서 등 서로 충돌할 수밖에 없는 가치들 사이에서 끊임없이 균형을 요구받는다. 평등이 지나치면 자유는 위축되고, 자유에만 방점을 찍으면 사회적 불평등은 방치된다. 정치란 결국 그 사이의 긴장을 어떻게 조율하느냐에 달려 있다.

이런 맥락에서 제안된 것이 '다원주의 민주주의(pluralist democracy)'라는 모델이다. 로버트 달(Robert Dahl)은 이를 '폴리아키(Polyarchy)', 곧 권력이 다양한 사회 집단들에 분산된 상태로 설명했다. 여기서 핵심은 단지 선거만이 아니다. 정보에 접근할 수 있는 권리, 표현과 결사의 자유, 제도적 참여의 기회 등의 조건들이 갖춰져야만 진짜 민주주의가 작동한다고 그는 말한다. 다양한 이해관계를 지닌 집단들이 서로 부딪히고, 협상하고, 때로는 양보하는 과정을 통해 민주주의는 현실 속에서 움직인다(Dahl, 1989, 1998).

지금 우리는 그 조건을 충족하고 있는가?

민주주의가 제대로 작동하려면 무엇보다 세 가지가 필요하다. 시민의 적극적인 참여, 정치적 평등, 그리고 정보에 접근할 수 있는 실질적인 기회. 이는 굳이 달만이 아니라, 민주주의를 고민해 온 모든 이론가들이 반복해서 강조해 온 전제다(Dahl, 1989, 1998; Beck, 1992; Castells, 2000).

그런데 지금 우리의 현실을 돌아보면 의문이 생긴다. 정보는 넘쳐나는데, 그 정보가 과연 시민의 판단을 돕고 있는가? 오히려 그 판단을 유도하고, 선택을 조종하는 건 아닐까? '좋아요'와 '클릭', 공유와 댓글. 우리가 매일같이 마주하는 이 디지털 흔적들이 과연 공론장을 확장하고 있는 걸까? 아니면 우리를 점점 더 좁은 생각의 방으로 몰아넣고 있는 건 아닐까?

이제 우리는 바로 그 문제 – AI 알고리즘과 민주주의의 관계 – 를 더 깊이 들여다보려 한다. 민주주의가 살아 숨 쉴 수 있는 조건은 여전히 유효하지만, 그것이 위협받는 방식은 예전과는 사뭇 달라졌기 때문이다.

참고문헌

오세욱(2018). "알고리즘화(Algorithmification): 미디어의 핵심

논리로서 알고리즘”. 《언론정보연구》, 55(2), 74~111쪽.
오요한 · 홍성욱(2018). “인공지능 알고리즘은 사람을 차별하는가?”. 《과학기술학연구》, 18(3), 153~215쪽.
이희은(2019). “유튜브의 기술문화적 의미에 대한 탐색: '흐름'과 알고리즘 개념의 재구성을 중심으로”. 《언론과 사회》, 27(2), 5~46쪽.
정원섭(2020). “인공지능 알고리즘의 편향성과 공정성”. 《인간·환경·미래》, 25, 55~73쪽.
Barnes, A. J. et al.(2024). AI and culture: Culturally dependent responses to AI systems. *Current Opinion in Psychology, 58*, 101838.
Beck, U.(1992). *Risk society: Towards a new modernity (Vol. 17)*. Sage.
Beck, U.(1993). *Die Erfindung des Politischen: Zu einer Theorie reflexiver Modernisierung*. Suhrkamp. 문순홍 옮김(1998). 《정치의 재발견: 위험사회 그 이후 – 재귀적 근대사회》. 거름.
Beck, U.(2009). *World at risk*. Polity.
Biju, P. R. & Gayathri, O.(2025). Algorithmic solutions, subjectivity and decision errors: a study of AI accountability. *Digital Policy, Regulation and Governance, 27*(5), pp.523~552.
Castells, M.(2000). *The rise of the network society*. John Wiley & Sons.
Dahl, R. A.(1989). *Democracy and its Critics*. Yale University Press.
Dahl, R. A.(1998). *On democracy*. Yale University Press.
Dourish, P.(2016). Algorithms and their others: Algorithmic culture in context. *Big Data & Society, 3*(2).
Held, D.(2006). *Models of democracy*. Polity.

Tocqueville, A. de.(1835). *De la democratie en Amerique.* 임효선·박지동 옮김(1997). 《미국의 민주주의》 (Vols. 1 – 2). 한길사.

03
AI는 어떻게 사회를 극단화하는가?

정보 소비가 극단화할수록 정치적 진영은 더욱 멀어진다. 좌와 우, 진보와 보수는 더 이상 '논쟁 가능한 타자'가 아니라 '말이 통하지 않는 적'이 된다. 알고리즘은 여론을 조율하지 않고, 분열을 증폭하는 기제로 기능하고 있다.

인공지능과 편향?

말하는 이들의 힘: 발화자와 권력의 관계

정보는 존재하는 것이 아니라, 말해짐으로써 구성된다. 그리고 말하기의 중심에는 늘 '발화자'의 권력과 위치가 존재한다. 이를 설명하는 데 자주 쓰이는 비유가 있다.

두 사람이 마주 보고 서 있다. 그들 사이 바닥에는 숫자 하나가 적혀 있는데, 한 사람은 그것을 '6'으로 보고, 반대편 사람은 '9'라고 본다. 이때 양측 모두 거짓을 말하는 것은 아니다. 그러나 중요한 것은 '무엇이 맞는가'가 아니라 '누구의 시선을 기준으로 판단할 것인가'다.

이처럼 모든 발화에는 위치가 있으며, 그 위치는 자연스럽게 힘의 비대칭을 수반한다. 이러한 비대칭은 곧 권력이 될 수 있다. 그것이 선하거나 악하다는 윤리적 판단 이전에, 사회 구조 속에서 권력은 언제나 존재하고 작동한다. 문제는 이 권력이 '무엇을 말하느냐'보다 '누가 말하느냐'에 따라 사회적 영향력이 결정된다는 데 있다. 그리고 그 대표적 발화 주체 중 하나는 바로 언론이다.

'사실'을 '구성'해서 '전달'하는 역할

현대 사회에서 언론은 단지 정보를 전달하는 창구가 아니다. 그것은 어떤 사건을 이야기하느냐, 어떤 사건을 이야기하지 않느냐, 그리고 이야기한다면 어떤 방식으로 이야기하느냐를 통해 사회적 현실을 재구성하는 프레이밍(Framing)의 주체다. 프레임이란 다음과 같다. 프레임은 특정 집단이 자신들의 이해관계를 확보하기 위해 사용하는 전략들이 투영되고 있는 일종의 해석적 틀의 개념을 갖고 있다. 특히 프레임은 현실에 대한 인식이나 해석의 수단으로 사용되며 특히 특정 사건을 크게 강조하거나 아예 배제하기 위해 사용할 수도 있다 (Goffman, 1974; Gitlin, 1982; Gamson & Modigliani, 1989; 최윤재, 2024:47).

또한 수많은 연구들이 이를 뒷받침하고 있으며, 이러한 프레이밍은 단순한 관점 제시를 넘어서, 다음과 같은 방식으로 사회적 극단화와 인식의 분절을 촉진한다 (Turner & Killian, 1972; Goffman, 1974; Gamson & Modigliani, 1989; Ungar, 1992; Valkenburg et al., 1999; DiMaggio et al., 2013; 최윤재, 2024).

언론이 사회적 사안을 보도하는 방식은 단순한 사실 전달을 넘어 현실 인식의 틀을 구성하는 강력한 행위로 기능한다. 첫 번째로, 언론은 특정 사안에 대해 누가 찬성하고 누가 반대하는지를 반복적으로 조명함으로써, 사회 내부의 대립 구도를 명확히 구성한다. 이러한 보도 방식은 때로는 정치적 편향을 강화하는 방향으로 작동하며, 갈등의 경계를 더욱 선명하게 만든다(Iyengar & Kinder, 1987; DiMaggio & Pettit, 1999; DiMaggio & Bryson, 2007).

두 번째로, 지속적인 보도는 인식의 고착화를 유도한다. 처음에는 관심이 없던 사안일지라도, 반복적인 노출과 편향된 정보 구조 속에서 개인은 점차 특정한 관점에 익숙해지며, 해당 사안에 긍정적 또는 부정적 인식을 내면화하게 된다. 이 과정은 흔히 감정적 동원 효과를 수반하며, '다른 견해'는 점차 감정적으로 거부해야 할 대상으로 전환된다(Price & Tewksbury, 1997).

세 번째로, 언론은 단순히 정보를 생산하는 주체가 아니라, 사회적 결집을 유도하고 정치적 영향력을 행사하는 기제로 기능한다. 보도를 통해 형성된 이슈 프레임은 특정 집단을 중심으로 한 여론 결집을 가능하게 하며, 이는 곧 정치적 압력과 사회적 동원으로 이어진다(Feldman, 2003).

네 번째로, 이러한 보도를 접한 개인들은 또 다른 공론 집단의 형성과 확산에 관여하게 된다. 사람들은 언론 보도를 통해 특정 사안에 대해 공론장을 구성하고, 이를 타인과 공유하거나 논쟁하는 과정을 통해 간접적으로 새로운 여론을 재생산하게 된다(Bird, 2011). 그러나 이러한 공론장은 종종 프레이밍된 논의의 틀 안에서만 작동하기 때문에, 진정한 다원성보다는 편향된 토론 구조를 강화할 위험이 있다.

마지막으로, 언론 보도는 그 자체로 공신력을 형성하는 경향이 있다. 언론이 말하는 내용은 단순한 정보 전달이 아니라, 사회적으로 '공인된 사실'로 받아들여진다 (McCombs & Shaw, 1972; Boczkowski, 2010). 그리고 이는 언론이 현실을 구성하는 하나의 권위 있는 행위자로 기능한다는 점에서, AI 알고리즘이 확산시키는 정보 구조와 결합될 때 특정 정보에 대한 과도한 신뢰와 불균형한 확산을 초래할 수 있다.

언론과 AI: 책임의 전이와 프레임의 자동화

이러한 언론의 구조는 AI가 작동하는 온라인 환경으로 옮겨가면서 더욱 중요해졌다. 오늘날 언론의 대부분 보도는 더 이상 오프라인 지면이 아니라, 온라인 뉴스 플랫폼을 통해 유통된다. 그리고 이 온라인 환경이 바로 AI가 개입하는 정보 유통의 핵심 영역이다. 알고리즘은 뉴스의 배치, 노출, 추천을 조절하며, 누가 무엇을 얼마나 자주 보는지를 결정한다. 그리고 여기에는 책임성 전가의 문제가 뒤따른다.

앞서 살펴보았듯, 정보를 전달하는 언론은 사회적으로 큰 책임을 수반하는 행위자다. 그러나 이 책임이 알고리즘 기반의 AI로 이전되면서, 구조적 문제가 발생한다. AI는 책임을 지지 않으며, 구독자의 클릭과 체류 시간을 늘리기 위해 보다 자극적이고 감정적인 프레이밍을 선택할 가능성이 높아진다. 즉, 알고리즘은 사용자의 흥미를 유발하는 방향으로 작동하며, 그 과정에서 정보의 균형성과 공익성은 희생될 수 있다.

말하는 것에는 힘이 있다. 그리고 힘에는 반드시 책임이 따라야 한다. 결국 우리는 묻게 된다. 정말 AI가 사회를 극단화시키는가? 혹은, AI는 언론이 이미 구성해 놓은 극단화 구조를 더 빠르게, 더 정교하게 확산시킬 뿐인 것은 아닐까? AI는 판단하지 않는다. 단지 판단하는 것처럼 보일 뿐이다. AI는 인간의 판단을 학습하고, 강화하며, 반복한다. 그렇다면 진짜 문제는 AI가 아니라, AI가 학습하고 반영하는 인간 사회의 '정보전달의 특징'에 있는 것이 아닐까?

참고문헌

최윤재(2024). "코로나19 팬데믹에 대한 재난담론 연구". 고려대학교 박사학위논문.

최윤재 · 전세훈(2025). “한국사회 재난참사 인식에 대한 연구: 재난담론의 정치화”. 《한국사회》, 26(1), 71~123쪽.

Bird, S. E.(2011). Seeking the audience for news: Response, news talk, and everyday practices. In Nightingale, V.(ed.). *The Handbook of Media Audiences*, pp.489~508. Blackwell Publishing.

Boczkowski, P. J.(2010). *News at Work: Imitation in an Age of Information Abundance*. University of Chicago Press.

DiMaggio, P. & Pettit, B.(1999). Public Opinion and Political Vulnerability: Why Has the National Endowment for the Arts Been Such an Attractive Target?(Vol. 7). Princeton University Center for Arts and Cultural Policy Studies.

DiMaggio, P. & Bryson, B.(2007). Public attitudes towards cultural authority and cultural diversity in higher education and the arts. In Blake, C. N.(ed.). *The Arts of Democracy: Art, Public Culture and the State*, pp.243~274. University of Pennsylvania Press.

DiMaggio, P. et al.(2013). Exploiting affinities between topic modeling and the sociological perspective on culture: Application to newspaper coverage of U.S. government arts funding. *Poetics, 41*(6), pp.570~606.

Feldman, S.(2003). Enforcing social conformity: A theory of authoritarianism. *Political Psychology, 24*(1), pp.41~74.

Gamson, W. A. & Modigliani, A.(1989). Media discourse and public opinion on nuclear power: A constructionist approach. *American Journal of Sociology, 95*(1), pp.1~37.

Gitlin, T.(1982). Television's screens: Hegemony in transition. In M. Apple (Ed.). *Cultural and economic reproduction in education* (pp. 45). Routledge.

Goffman, E.(1974). *Frame analysis: An essay on the organization of experience*. Northeastern University Press.

Iyengar, S. & Kinder, D. R.(1987). *News that matters: Agenda-setting and priming in a television age*. University of Chicago Press.

McCombs, M. & Shaw, D.(1972). The agenda-setting function of mass media. *Public Opinion Quarterly, 36*(2), pp.176~187.

Price, V. & Tewksbury, D.(1997). News values and public opinion: A theoretical account of media priming and framing. *Progress in the Communication Sciences, 13*, pp.173~212.

Turner, R. H. & Killian, L. M.(1972). *Collective behavior(2nd ed.)*. Prentice-Hall.

Ungar, S.(1992). The rise and relative decline of global warming as a social problem. *The Sociological Quarterly, 33*(4), pp.483~501.

Valkenburg, P. M. et al.(1999). The effects of news frames on readers' thoughts and recall. *Communication Research, 26*(5), pp.550~569.

04
팩트는 사라지고, 믿음만 남는다

AI는 객관적 사실을 전달하기보다 사용자의 '선호'를 반영한다. 그 결과, 모두가 각자의 '팩트'를 가지게 되고, '공통된 현실'은 붕괴된다. 정보는 감정화되고, 믿음이 팩트를 대체하면서 민주주의의 토대인 소통과 합의는 위기에 처한다.

청각장애인과 AI?

사실보다 믿음이 앞서는 사회

어느 순간부터 사람들은 모두 각자의 '팩트'를 갖기 시작했다. 극심한 전염병이 발생하면, 누군가는 백신이 사람을 구한다고 믿고, 누군가는 그것이 인류를 지배하려는 음모의 일부라고 말한다. 같은 사건을 두고도 누군가는 "진실"이라고 말하고, 다른 누군가는 "가짜 뉴스"라고 외친다. 흥미로운 점은, 그들 모두가 자기 입장을 '사실'이라 믿고 있다는 점이다.

참으로 "팩트"란 이름의 믿음이 난무하는 시대가 아닐 수 없다. 더욱이 이 믿음은 종교적 신념이 아니라, 정보 소비자의 확신이 만들어 낸 현실인 듯하다.

그리고 AI는 이런 현상을 더욱 강화한다. AI는 진실을 판단하지 않는다. 그보다는 사용자의 '선호'를 분석해 가장 클릭 가능성이 높은 정보를 보여 줄 뿐이다. 그것이 사실인지는 중요하지 않다. 그래서 우리는 점점 더 자신이 보고 싶은 정보만 보게 되고, 듣고 싶은 이야기만 들으며, 결국엔 '공통된 현실'이 무너진 사회 속에서 살게 된다.

말보다 중요한 것은 '누가 말하느냐'일 수 있다. 이쯤에서 사회학의 고전 이론 하나를 소개한다. 바로 '상징적 상호작용론'이다. 이름은 조금 어려워 보이지만, 그 뜻은 의외로 간단하다. 사람들은 어떤 상징이나 행동을 통해 의미를 주고받고, 그것을 바탕으로 세상을 이해하고 행동한다는 이론이다.

예를 하나 들어 보겠다. 자동차의 방향지시등을 생각해 보자. 왼쪽 깜빡이를 켜면, 우리는 '아, 저 차가 왼쪽으로 가겠구나'라고 생각한다. 하지만 사실 그건 그냥 불이 깜빡이는 것일 뿐이다. 불빛 자체는 아무 의미가 없다. 우리가 그 불빛에 의미를 부여했기에 방향지시등은 소통의 도구가 된 것이다.

그런데 만약 앞차가 계속해서 왼쪽 깜빡이를 켜더니 오른쪽으로 가고, 이번엔 오른쪽 깜빡이를 켜고는 다시 왼쪽으로 가는 걸 반복한다면 어떻게 될까? 어느 순간부터 뒤따르는 자동차 운전자는 앞 차량의 방향지시등 신호를 믿지 않을 것이다. 신호가 신호로서 기능하지 않게 되는 것이다. 믿음이 무너지면 소통은 단절되고, 상징은 의미를 잃는다.

소통은 내용보다 관계가 중요하다

의사소통에서 중요한 것은 단지 '무엇을 말하느냐'가 아니다. '누가 말했느냐', '언제, 어디서 말했느냐'가 훨씬 더 중요할 때가 많다.

누군가가 한국어로 "학원 끊었어"라고 말하면, 맥락에 따라 두 가지 전혀 다른 의미가 된다. 원래 학원을 다니던 사람이라면 이제 학원 다니기를 그만둔 것이고, 학원을 안 다니던 사람이라면 이제 다니겠다는 뜻일 수 있다. "커튼 좀 쳐 주세요"라는 말도 마찬가지다. 열라는 건지 닫으라는 건지는 해당 커튼의 상태를 먼저 파악해야 이해가 가능하다. 열려 있으면 닫으라는 것이고, 닫혀 있으면 열라는 것일 테니까 말이다.

이처럼 우리는 늘 '언어'라는 도구를 쓰고 있지만, 그 언어는 정해진 코드가 아니라 살아 있는 맥락 속에서, 관계와 사회적 상호작용을 통해 구성된다. 언어란 본디 고정된 의미 체계가 아니라 해석되는 과정이며, 사회적으로 만들어지는 것이기 때문이다.

이 점에서 오늘날의 AI는 복잡한 문제를 하나 드러낸다. AI는 사실을 객관적으로 전달하는 도구라기보다는, 사용자의 선호를 반영하고 그것에 맞춰 정보를 재조합하는 존재다. 검색창에 같은 질문을 넣어도 사람마다 다른 결과를 보게 되는 이유가 여기에 있다. 그러다 보니, 각자가 '자기만의 팩트'를 갖고 살아가는 시대가 되었다. 공통의 현실, 즉 모두가 함께 이야기할 수 있는 기반은 점점 사라지고 있다. 정보는 점점 감정을 따라가고, 믿음은 사실을 대신하며, 민주주의의 토대였던 소통과 합의는 균열을 겪는다.

게다가 우리가 사람들과 나누는 상호작용은 말로만 이루어지지 않는다. 얼굴 표정, 몸짓, 침묵, 거리감 같은 비언어적 요소들도 아주 중요하다. 서로가 서로에게 어떻게 반응하고, 그 반응에 또 어떻게 대응하는지, 이런 섬세한 상호작용은 단순한 정보 전달을 넘어서 정체성과 규범까지 만들어 낸다. 우리가 일상에서 자연스럽게 따르는 규칙들, 이를테면 나이, 성별, 말투, 거리감 같은 것들은 모두 사회적 상호작용 속에서 창조되고 실천된다(Hall, 1969, 1973; Goffman, 1967, 1974; Dennis, 2013).

결국 소통은 말 이전의 문제다. 그것은 관계의 문제이며, 우리가 세상을 어떻게 구성하고 살아가는가에 대한 질문이기도 하다.

'팩트'를 믿는가, '말하는 사람'을 믿는가?

정보란 중립적이지 않다. 사람들은 정보를 그대로 받아들이기보다 그것을 누가 전했는가, 어떤 분위기에서 들었는가, 자신이 평소 어떤 생각을 가지고 있는가에 따라 다르게 해석한다.

사회심리학자 레온 페스팅어(Festinger, 1954)는 사람들이 자신이 옳다는 확신을 갖기 위해 다른 사람의 의견이나 행동을 비교 기준으로 삼는다고 말한다. 실제로 많은 사람들은 인터넷을 통해 언론의 기사를 읽을 때, 기사보다 댓글을 먼저 본다. 그리고 댓글을 기준 삼아 "내 생각이 맞다"고 안도한다. 우리는 사실을 통해 판단하기보다, '공감'과 '신뢰'의 감정을 통해 정보를 해석하는 존재인 것이다.

가짜뉴스가 믿음으로 변하는 과정

AI 시대의 정보 흐름은 이 과정을 더욱 강화한다. 알고리즘은 우리가 '어떤 정보를 믿고 싶어 하는가'를 추적하고, 그것과 유사한 내용을 반복적으로 보여 준다. 그 결과 가짜뉴스는 단순한 오류가 아니라, 특정한 문화와 가치관, 종교적 신념, 감정적 태도와 연결되며 신념의 구조로 전환된다.

상징적 상호작용론의 입장에서 보자면, 이것은 '정보'의 문제가 아니라 '의미의 구성 과정'이다. 사람들은 뉴스의 진위를 따지기보다 자신이 속한 공동체, 자신의 정체성, 자신의 감정과 부합하는 정보에 신념을 부여한다 (Turner & Killian, 1972; Goffman, 1974; Achem & Ani,

2022). 이것이 바로 팩트의 감정화이며, 오늘날 공통 현실의 붕괴를 설명하는 열쇠이기도 하다.

AI는 무엇을 '믿게' 만드는가?

이제 우리는 질문해야 한다. AI는 정보를 주는가, 아니면 믿음을 주는가? 클릭과 추천, 체류 시간을 조금이라도 더 늘리기 위한 알고리즘은 사실을 정리하는 기술이 아니다. 그것은 사용자에게 무엇을 믿고, 무엇을 의심할지를 안내하는 기술이다.

결국 우리는 '팩트' 속에서 살아가는 것이 아니라 누군가가 꾸준히 반복해 준 이야기, 사회적으로 공유된 해석, 그리고 개인의 신념과 감정이 교차되는 이야기들 속에서 살아간다. 그리고 AI는, 그 모든 이야기들을 더 빠르게, 더 정교하게, 더 확신 있게 전달해 줄 뿐이다.

팩트는 사라지고, 믿음만 남는다. 문제는, 그것이 언제부터였는지를 우리가 기억하지 못한다는 점이다.

참고문헌

정원준(2021). "코로나 19 위험 커뮤니케이션 탐색 연구: 소셜 미디어 의존 이론을 응용한 정부와 일반인 유튜브 콘텐츠와 댓글 내 담론 분석". 《홍보학 연구》, 25(2), 59~101쪽.

Achem, V. O. & Ani, K. J.(2022). Systemic crisis of infodemic in a pandemic: COVID-19, 5G network, society and symbolic interactionism. *Journal of African Films and Diaspora Studies, 5*(4), p.29~51.

Dennis, A. et al.(2013). *Sociologies of interaction.* John Wiley & Sons.

Festinger, L.(1954). A theory of social comparison processes. *Human Relations, 7*(2), pp.117~140.

Goffman, E.(1967). *Interaction ritual.* Aldine.

Goffman, E.(1974). *Frame analysis: An essay on the organization of experience.* Northeastern University Press.

Goffman, E.(2009). *Relations in public.* Transaction Publishers.

Hall, E. T.(1969). *The hidden dimension.* Doubleday.

Hall, E. T.(1973). *The silent language.* Anchor.

Turner, R. H. & Killian, L. M.(1972). *Collective behavior(2nd ed.).* Prentice-Hall.

05

위험사회, 기술이 만든 불확실성

울리히 벡의 위험사회론을 통해, 기술이 사회를 안전하게 만드는 동시에 새로운 위험을 낳는 메커니즘을 살펴본다. AI는 통제와 예측을 위한 도구이지만, 역설적으로 사회의 불확실성을 증폭한다. AI는 예측과 통제를 위한 기술이지만, 실제로는 인간 사회의 복잡성을 더욱 증폭하고 있다.

AI 콘텐츠 크리에이터?

예측은 늘고, 확신은 줄고

인간은 언제나 미래를 예측하고 싶어 했다. 비가 올지, 해가 뜰지, 혹은 오늘 벌어질 일이 나에게 득이 될지, 실이 될지. 이 오래된 욕망은 결국 '기술'이라는 형태로 구현되었다. 이제 우리는 인공위성과 각종 관측 장비로 날씨를 예측할 수 있게 되었다. 금융 모델링이나 재난 예측 시스템 등은 다양한 위협에 미리 대비할 수 있는 수단이 되었다. 그리고 이 모든 기술은 불확실성을 줄이기 위해 탄생한 것이다. 하지만 아이러니하게도, 기술이 고도화할수록 우리는 점점 더 많은 불확실성을 감당해야 하는 사회에 살고 있다.

AI도 마찬가지다. AI는 인간이 통제하지 못하는 것을 예측하고, 계산하고, 관리하기 위해 만들어졌다. 그런데 그 AI가 지금, 오히려 우리가 믿던 현실의 기반을 흔들고 있다. 예측은 늘어났지만, 확신은 줄어들고 있다. '위험사회'는 바로 이런 사회다. 기술이 문제를 해결하기보다, 새로운 문제의 조건이 되어 버린 사회 말이다.

전통에서 근대로, 그리고 위험사회로

먼저 시간을 거슬러 올라가 보자. 전통사회는 종교와 관습이 사람들의 삶을 이끌던 시대였다. 세상의 원리를 신이 설명해 줬고, 마을 사람들은 공동체라는 연대 속에서 서로를 의지하며 살았다. 위험은 '신의 뜻'이었고, 그것에 인간은 겸손할 수밖에 없었다.

하지만 근대가 시작되며 상황이 달라졌다. 산업혁명과 과학의 눈부신 발전은 인간에게 엄청난 자신감을 안겨 주었다. 우리는 이제 '신' 대신 '이성'과 '수치', '전문가'의 말을 믿기로 했다. 그 결과 '통제 가능성'은 늘어났고, '불확실성'은 줄어든 것처럼 보였다.

그런데 문제는 여기서 시작됐다. 모든 것을 예측할 수 있다고 믿는 순간, 우리는 오히려 더 큰 불확실성 속으로 들어서게 된 것이다.

근대사회의 4가지 특징과 그 결과

울리히 벡은 근대사회가 네 가지 특징을 중심으로 작동한다고 보았다. 겉보기엔 이 특징들이 더 나은 사회를 만들기 위한 의도에서 출발했지만, 결과가 언제나 의도와 같지는 않았다(Beck, 1992, 1999, 2009).

첫째, 합리주의는 모든 것이 계산 가능하다는 믿음에서 시작되었다. 세상은 복잡하지만, 그 복잡함을 수치와 논리로 설명할 수 있다고 여겼다. 인간은 감정이나 신념보다 이성에 기대어 판단해야 한다는 것이 기본 전제였다. '판단은 개인의 감정이 아니라 객관적 기준에 따라 내려져야 한다'는 인식의 전환이기도 했다.

둘째, 과학우선주의는 '진실은 과학이 말해 줄 것'이라는 믿음을 바탕에 두고 있다. 종교와 전통이 지배하던 세계에서 벗어나, 이제는 과학이 세상의 기준이 되어야 한다는 생각이 지식사회 전반에 확산되었다. 과학은 경험과 실험을 통해 검증 가능한 지식만을 진리로 인정하며, 이로써 인간은 보다 정확하고 통제 가능한 세계에 가까워졌다고 믿게 되었다.

셋째, 전문가 중심주의는 누구나 모든 것을 알 수는 없으므로, 문제 해결은 훈련된 전문가에게 맡기는 것이 옳다는 논리를 따른다. 복잡한 사회 문제에 일반 시민보다는 전문 지식과 경험을 갖춘 사람들이 더 정확하고 합리적인 판단을 할 수 있다는 신념이 자리 잡았다. 이는 시민의 자율적 판단보다 전문성에 기초한 위임된 통치 방식을 정당화하는 기반이 되었다.

넷째, 거버넌스(governance)의 부상은 이 모든 흐름의 제도적 완성이라 할 수 있다. 전통적인 정부 중심의 통치를 넘어 다양한 주체들(정부, 시장, 시민사회, 국제기구 등)이 함께 사회를 운영하는 체계로서의 거버넌스는, 수치화한 정보와 예측 가능한 통제 시스템에 기반을 둔 효율적 관리를 핵심 원리로 삼는다. 복잡한 사회를 효과적으로 관리하기 위해서는, 의사 결정을 객관화하고, 행정과 정책의 정당성을 통계와 데이터로 뒷받침해야 한다는 논리가 힘을 얻었다. 이 과정에서 거버넌스는 합리주의적 사고, 과학의 권위, 전문가의 판단을 결합한 복합적 구조로 발전해 왔다. 즉, 거버넌스는 그 자체로 이성과 과학, 전문성에 기반을 둔 통치 기술이자, 불확실한 세계를 예측 가능하게 만들고자 하는 근대적 욕망의 제도적 산물이라 할 수 있다.

이 네 가지는 모두 통제를 강화하고 예측을 가능하게 하는 것, 즉 '불확실성을 줄이기 위한 전략'이었다. 하지만 아이러니하게도, 그 결과는 정반대였다(Beck, 1992, 1999, 2009).

수치로 설명하려 할수록 우리는 숫자에 갇히게 되었고, 통제를 강화할수록 오히려 예상치 못한 변수들이 계속해서 등장했다. 예측 모델은 실제 상황을 따라가지 못했고, 전문가의 말은 상황이 바뀔 때마다 달라졌다. 통계는 사실을 보여 주기보다, 오히려 현실을 편집하는 도구가 되어 버렸다.

그 결과, 시민들은 점점 더 "무엇이 진짜인가?"라는 질문을 던지게 되었다. 예측은 있었지만 확신은 사라졌고,

통제는 있었지만 믿음은 흔들렸다. 근대사회의 자신감은 그렇게 불확실성이라는 새로운 그림자에 휩싸이게 된 것이다.

위험의 사회적 분포: 재난도 불평등하다

같은 날, 같은 비가 내린다. 그러나 사람마다 이 비를 경험하는 방식은 전혀 다르다. 첫 번째 사람을 보자. 그는 고급 고층 아파트에 산다. 창문은 단열이 잘되어 있고, 들려오는 빗소리는 마치 자연의 배경음악처럼 잔잔하다. 클래식 음악이 흐르고, 커피 머신에서 갓 추출된 향긋한 커피 냄새가 집 안을 감싼다. 그는 출근 시간에 엘리베이터를 타고 지하 주차장으로 내려간다. 자동차 문을 여는 순간까지도 한 방울의 빗물도 맞지 않는다. 사무실까지의 동선은 전부 실내와 지하로 이어져 있다. 점심은 건물 안 고급 식당에서 해결하고, 퇴근길도 다시 지하에서 지하로, 차에서 집으로, 바깥 날씨와는 단절된 하루가 흐른다. 그에게 오늘 하루는 '비 오는 날의 여유'였다. 우산을 쓸 일조차 없었다.

두 번째 사람은 다르다. 그는 도시 외곽의 낡은 원룸에 산다. 현관문을 열자마자 빗방울이 얼굴을 때린다. 바람은 비를 옆에서 날려 보내고, 우산은 무력하다. 그는 젖은 신발을 신은 채 버스를 기다린다. 옆 사람의 우산에서 떨어진 물방울이 그의 바지를 적신다. 이미 출근길부터 속옷까지 젖었고, 사무실에 도착해서는 발을 말려야 한다. 꿉꿉하고 찝찝하다. 그런 하루가 아직 절반도 지나지 않았다. 퇴근길이 기다리고 있기 때문이다.

봉준호 감독의 영화 〈기생충〉은 이와 같은 장면을 강렬하게 그려냈다. 같은 비가 오는데도, 어떤 사람에게는 축복처럼 느껴지고, 어떤 사람에게는 생존의 위기로 다가온다. 비가 그친 후, 극 중 고급 주택에 살던 가족은 맑게 갠 날씨를 즐기며 가든파티를 준비하지만, 반지하에 살던 가족은 침수로 집을 잃고 수재민들이 모인 체육관에서 하룻밤을 보내며 큰 고초를 겪는다. 동일한 자연현상, 하지만 극명하게 갈라진 사회적 경험이다.

우리는 종종 과학이 발전하면 세상은 더 공평해질 거라고 믿는다. 기후 예보는 더 정밀해졌고, 스마트폰은 실시간으로 재난 정보를 알려 준다. 하지만 그런 도구를 갖춘 사람이 누구인가? 침수에 대비한 건물 구조, 대피가 가능한 이동 수단, 재난 정보에 접근할 수 있는 여유와 시간은 모든 사람에게 주어지지 않는다.

독일의 사회학자 울리히 벡은 위험이 결코 평등하지 않다고 말한다(Beck, 1992, 1999, 2009). 위험은 위에서 아래로, 강자보다 약자에게 먼저 찾아온다. 위험은 물처럼 흘러 하층에 모이고, 재난은 '악한 자'가 아니라 '약한 자'를 먼저 덮친다.

기술은 위험을 줄이기 위해 발전해 왔지만, 그 기술의 혜택은 모두에게 균등하게 분배되지 않는다. 사회는 여전히 기울어져 있고, 그 경사면 아래에는 더 많은 비가 고인다.

상징과 거부: 기술은 왜 불신의 대상이 되는가?

특정 기술이 대중의 강한 거부감을 유발하는 이유는, 그것이 단지 기술이라서가 아니다. 그 기술이 지닌 상징적 의미 때문이다.

원자력은 에너지를 생산하는 소중한 자원이자, 동시에 파괴를 일으키는 폭탄이다. AI는 편리함이자 감시다. 마스크는 방역이자 불신이다. 우리는 기술 그 자체가 아니라, 그 기술에 담긴 상징과 이미지, 이야기를 소비한다. 그리고 그 상징은 대부분 누가 말했는가, 어디에서 들었는가, 누구와 공유했는가에 따라 구성된다.

이 지점에서 다시 상징적 상호작용론이 작동한다. 사람들은 기술을 사실로서가 아니라 이야기 속에서, 의미 부여의 과정 속에서, 사회적 상호작용을 통해 받아들인다. 가짜뉴스도 마찬가지다. 그것은 사실이 아니더라도, 사람들이 '믿을 만한 사람'과 '공감할 수 있는 언어'로 접했을 때 현실보다 더 강력한 실재로 작동하게 된다 (Achem & Ani, 2022).

기술 통제의 의도치 않은 결과

근대사회는 세상을 예측 가능하고 통제 가능한 대상으로 만들고자 하는 시도로 가득했다. 그리고 기술은 그 욕망을 실현하기 위한 핵심 도구였다. 하지만 기술이 발전할수록 인간 사회는 더 복잡해졌다. 인포데믹과 가짜뉴스, 재난 대응의 혼란, 과잉대응과 과소대응은 예측 불가능한 불확실성의 연쇄작용을 보여 준다.

기술은 문제를 해결하려는 인간의 의도에서 출발했지만, 그것이 만든 '의도치 않은 결과'는 오늘날 우리가 겪는 위험사회의 일상이다.

우리는 묻는다. AI는 사회를 통제하려는 도구인가, 아니면 혼란을 가속하는 촉매제인가? 기술은 위험을 줄이는가, 아니면 위험을 재구성하는 새로운 방식인가?

우리가 위험을 피할 수 없다면, 이제는 위험을 '이해하는 방법'을 바꿔야 하지 않을까?

참고문헌

Achem, V. O. & Ani, K. J.(2022). Systemic crisis of infodemic in a pandemic: COVID-19, 5G network, society and symbolic interactionism. *Journal of African Films and Diaspora Studies, 5*(4), p.29~51.

Beck, U.(1992). *Risk society: Towards a new modernity(Vol. 17)*. Sage.

Beck, U.(1999). *World risk society*. Polity.

Beck, U.(2009). *World at risk*. Polity.

Turner, R. H. & Killian, L. M.(1972). *Collective behavior(2nd ed.)*. Prentice-Hall.

06
알고리즘은 새로운 재난이 될 수 있는가?

재난은 기존 사회 시스템을 무력화하고, 새로운 질서를 재구성한다. AI가 초래하는 인지적 재난 또한 유사한 구조를 가진다. 감지되기 어렵고 점진적으로 진행되지만, 알고리즘은 사회적 분열과 신뢰 붕괴를 유발하며 '정치적 재난'으로 발전할 수 있다.

AI와 민주주의?

의도치 않은 결과

재난은 언제나 예고 없이 찾아온다. 그것은 기존의 질서를 무너뜨리고, 일상을 단절시키며, 모든 것을 처음 상태, 즉 제로베이스(zero-base)로 되돌린다. 전기가 끊기고, 통신이 멈추며, 평소처럼 하던 행동 하나하나가 더 이상 작동하지 않는 상황. 그것이 우리가 알고 있는 재난의 모습이다.

하지만 AI와 알고리즘은 이와는 다르다. 그것은 천천히, 조용히, 점진적으로 사회에 스며든다. 겉으로는 아무 일도 일어나지 않은 것처럼 보이지만, 사람들은 점점 서로 다른 현실을 살고, 다른 사실을 믿고, 다른 감정을 공유하게 된다. 그리고 어느 순간, 우리는 더 이상 서로에게 설명할 수 없는 언어를 쓰고 있다는 걸 깨닫는다(Dourish, 2016; 오요한 · 홍성욱, 2018; Burrell & Fourcade, 2021; Biju & Gayathri, 2025).

이것은 단지 기술 문제가 아니라 '감지되지 않는 사회적 재난'이라 할 수 있다. 대피 경보도 없고, 즉각적인 피해도 드러나지 않지만, 그 영향력은 깊고 넓다. 알고리즘은 단지 정보를 전달하는 기술이 아니라, 사회적 신뢰를 무너뜨리고, 정치적 분열을 심화하며, 새로운 질서를 구성하는 잠재적 재난의 구조를 갖고 있다.

재난의 특징: 제로베이스와 위기의 정치학

재난의 핵심은 기존의 일상이 무력화된다는 데 있다. 평소에는 당연했던 규칙과 질서가 더 이상 작동하지 않고, 상황은 원점으로 돌아간 듯한 상태, 즉 제로베이스로 환원된다. 이때 나타나는 특징 중 하나는 일상의 규범이 붕괴되고, 그 자리를 위급성과 긴급성, 그리고 즉시성 같은 감정과 요구가 대신한다는 점이다. 사람들은 더 이상 규칙에 따라 움직이지 않고, 눈앞의 상황을 어떻게든 해결하려 한다(Strong, 1990; Morgan, 2020; 최윤재, 2024; 최윤재 · 전세훈, 2025).

이러한 재난 상황에서는 '지금 이게 무엇인지', '이 사태를 누가 해결할 수 있는지', '책임은 누구에게 있는지' 같은 문제들이 전면으로 부상한다. 설명하는 자와 해석하는 자, 그리고 해결을 주장하는 자에게는 자연스럽게 권력이 주어진다. 그 권력은 단순한 통치 권력이 아니라, 새로운 질서를 정당화하는 힘이다.

'누가 해석하는가'의 문제

재난은 객관적으로만 존재하지 않는다. 언제나 '이것을 어떻게 해석하느냐'에 따라 사회는 전혀 다른 반응을 보인다. 어떤 사건을 단순한 사고로 규정할 수도 있고, 국가적 위기로 확장할 수도 있다. 중요한 건, 누가 그것을 말하느냐다.

재난의 순간, 상황 규정 능력은 곧 권력이 된다. 해석의 주도권을 잡은 사람이나 집단은, 의제를 설정하고, 논의의 방향을 결정하며, 어떤 방식으로 문제를 해결할 것인지까지 제안하게 된다. 그 과정에서 책임을 분명히 하고, 자원을 어떻게 배분할지 결정할 권력까지 얻는다.

정부와 언론, 시민단체, 전문가, 대중 인플루언서에 이르기까지 다양한 행위자들이 이 경쟁에 뛰어든다. 각자의 언어로 재난을 해석하며, 자신의 입장을 중심으로 상황을 구성하고, 사회적 반응을 유도하려는 시도가 이어진다. 결국 재난은 담론의 장이자 정치의 장이 된다 (Beck, 1992, 2009; Boin et al., 2005; Douglas & Wildavsky, 1983; Chan, 2016; 최윤재 · 전세훈, 2025).

위험은 사회적으로 구성된다

우리가 흔히 '위험'이라고 말하는 것은 단순한 자연현상이나 기술적 오류가 아니다. 위험은 언제나 사회적 해석을 통해 구성되는 것이다. 어떤 현상이 위험이 되는지, 또 어떤 수준에서 대응해야 하는지는 고정되어 있지 않다. 그 해석은 사회적 구조, 문화적 배경, 정치적 이해관계에 따라 달라진다.

예를 들어, 동일한 팬데믹이라 해도 누군가에겐 공공 보건의 위기이고, 다른 누군가에겐 정권 심판의 기회가 될 수 있다. 백신은 어떤 사람에게는 과학적 해결책이지만, 다른 사람에게는 통제와 감시의 상징이다(김광기, 2021; 최윤재, 2024).

이처럼 위험은 사회 내부의 구조적 문제로 해석될 수 있으며, 그것을 해결하는 방식 또한 단지 기술적 조치가 아니라 정치적 선택이 된다. 어떤 위험을 우선시할 것인지, 누구에게 자원을 집중할 것인지, 무엇을 믿고 따를 것인지 모두 정치의 영역 안에서 결정된다(Beck, 1992, 2009; Boin et al., 2005; Douglas & Wildavsky, 1983; Chan, 2016; 최윤재 · 전세훈, 2025).

알고리즘이 만들어 내는 새로운 위험

이제 문제는, 이러한 위험 해석과 담론의 전개가 AI 알고리즘에 의해 조율되기 시작했다는 점이다.

재난이 발생하면 사람들은 뉴스를 보고 검색을 하며 정보를 찾는다. 그런데 어떤 뉴스가 먼저 보이는가? 어떤 해시태그가 실시간 트렌드로 떠오르는가? 누가 먼저 사람들의 타임라인에 등장하는가? 이 모든 것은 이제 알고리즘이 결정한다.

알고리즘은 클릭과 반응을 우선한다. 그렇기 때문에 더 자극적이고 감정적인 정보일수록 먼저 확산한다. 공포와 분노, 혐오와 음모는 빠르게 퍼지고, 차분한 설명과 복잡한 분석은 뒤로 밀린다. 그렇게 알고리즘은 재난에 대한 해석을 편향시키고, 특정한 담론을 '주류'처럼 만들며, 위험의 구조 자체를 재편성한다(Dourish, 2016; 오요한 · 홍성욱, 2018; Burrell & Fourcade, 2021; Biju & Gayathri, 2025).

이 과정은 느리지만 분명하다. AI는 재난을 보도하지 않지만, 재난을 어떻게 보게 할지를 설계한다. 이것이야말로 알고리즘이 만들어 내는 새로운 형태의 위험이다.

재난의 정치화: 책임성과 신뢰 사이

물론 모든 '정치화'가 부정적인 것은 아니다. 재난을 정치적으로 논의한다는 것은 문제 해결에 책임을 묻고, 공적인 논쟁을 가능하게 만들며, 사회 전체의 자원을 올바르게 분배할 기회를 만든다. 특히 민주주의 체제에서 이러한 논의는 매우 중요하다.

하지만 정치화에는 분명한 역기능도 존재한다. 책임 전가는 쉬워지고, 서로에 대한 불신은 커지며, 담론은 단순화되고 편향되기 쉽다. 감정적 담론이 우위를 점하면, 실제 문제 해결보다 여론전이 우선시되는 경우도 발생한다. 특히 알고리즘과 결합된 정치화는 이러한 부작용을 더욱 강화한다.

결국 중요한 것은, 재난을 누가 해석하고, 그 해석이 어떻게 확산하며, 우리가 그것을 어떻게 판단하고 받아들이는가다. 기술이 아무리 발전해도, 그 기술을 통해 어떤 의미를 구성할 것인가는 여전히 인간의 몫이다.

재난은 단지 물리적 사건이 아니다. 그것은 사회가 스스로를 어떻게 정의하고, 누가 권력을 갖고, 어떤 방식으로 위기를 이해하고자 하는지에 대한 정치적 과정이다. 그리고 이제, 우리는 그 과정의 중심에 알고리즘을 두게 되었다.

언뜻 보기에 조용하고 투명한 기술이지만, 그 안에는 우리 사회의 권력과 신뢰, 해석의 싸움이 고스란히 담겨 있다.

참고문헌

김광기(2021). 《아메리칸 엔드게임: 지금 반드시 읽어야 할 미국》. 현암사.

오요한 · 홍성욱(2018). "인공지능 알고리즘은 사람을 차별하는가?". 《과학기술학연구》, 18(3), 153~215쪽.

최윤재(2024). “코로나19 팬데믹에 대한 재난담론 연구”. 고려대학교 박사학위논문.

최윤재 · 전세훈(2025). “한국사회 재난참사 인식에 대한 연구: 재난담론의 정치화”. 《한국사회》, 26(1), 71~123쪽.

Beck, U.(1992). *Risk society: Towards a new modernity(Vol. 17).* Sage.

Beck, U.(2009). *World at risk.* Polity.

Biju, P. R. & Gayathri, O.(2025). Algorithmic solutions, subjectivity and decision errors: a study of AI accountability. *Digital Policy, Regulation and Governance, 27*(5), pp.523~552.

Boin, A. et al.(2005). *The politics of crisis management: Public leadership under pressure.* Cambridge University Press.

Burrell, J. & Fourcade, M.(2021). The society of algorithms. *Annual Review of Sociology, 47*(1), pp.213~237.

Chan, C. K.(2016). Defining health risk by media template: Hong Kong's news discourse of the Swine Flu pandemic. *Journalism, 17*(8), pp.1018~1036.

Douglas, M. & Wildavsky, A. B.(1983). *Risk and culture: An essay on the selection of technological and environmental dangers.* University of California Press.

Dourish, P.(2016). Algorithms and their others: Algorithmic culture in context. *Big Data & Society, 3*(2).

Morgan, M.(2020). Why meaning-making matters: The case of the UK Government's COVID-19 response. *American Journal of Cultural Sociology, 8*, pp.270~323.

Strong, P.(1990). Epidemic psychology: A model. *Sociology of Health & Illness, 12*(3), pp.249~259.

07
투명한 듯 불투명한 알고리즘의 권력

AI 알고리즘은 명확한 기준이 있는 듯 보이지만, 그 안에는 다수의 인간적 가치 판단과 배제의 논리가 숨어 있다. 문제는 우리는 그 작동 방식을 잘 알 수 없다는 데 있다. 알고리즘은 정치적으로 중립적이지 않다. 오히려 사용자의 행동을 예측하고 조정하기 위해 '가독성'을 강화하고, 예외적이고 복잡한 인간적 요소들을 제거한다. 이러한 과정은 통치와 유사한 권력 작용이며, 일종의 기술 · 정치적 작동 방식이다.

AI와 애니메이션?

친절한 추천 뒤에 숨겨진 통제

AI 알고리즘은 투명해 보인다. 숫자로 작동하고, 규칙을 따르며, 일관된 방식으로 결과를 제시하기 때문이다. 그러나 조금만 들여다보면, 그 내부는 의외로 모호하다. 알고리즘은 마치 명확한 기준을 가진 것처럼 보이지만, 그 안에는 수많은 인간의 가치 판단, 배제의 논리, 문화적 코드들이 은밀히 숨어 있다.

문제는 우리가 그 작동 방식을 정확히 파악할 수 없다는 데 있다. 알고리즘은 겉보기에는 객관적이고 중립적으로 보이지만, 실제로는 특정한 방향으로 사용자의 행동을 예측하고 조정하도록 설계된, 이른바 '가독성'을 중심으로 한 체계이기 때문이다(Dourish, 2016; 오세욱, 2018; 오요한 · 홍성욱, 2018; Burrell & Fourcade, 2021; Cheng et al., 2021; Biju & Gayathri, 2025).

복잡한 인간의 행위는 잘려 나가거나 무시되며, 예외는 제거되고, 다층적인 맥락은 단순한 규칙으로 환원된다. 이러한 과정은 기술적 작동처럼 보이지만, 실상은 놀랍도록 정치적인 통제 방식, 곧 통치와 유사한 형태의 권력 작용으로 이어진다.

이러한 주장에 대해 일부는 음모론처럼 느낄 수도 있다. 그러나 곰곰이 생각해 보면, 우리는 AI의 이런 불투명한 작동 방식에 막연한 불편함, 때로는 공포를 느끼면서도, 아이러니하게도 이러한 불투명함에 이미 익숙해져 있다. 그것은 우리 자신, 곧 사회 속 인간이 일상적으로 '사회화'라는 이름 아래 타인의 가치를 판단하고, 특정한 사람을 배제하며, 다양한 문화적 코드들을 통해 살아가기 때문이다.

아예 모르는 것은 두려움의 대상이 될 수 없다. 존재하지 않는 것을 상상할 수 없듯, 인간은 '완전히 낯선 것'을 두려워하지 않는다. 우리가 공포를 느끼는 것은 이전에 경험했던 유사한 기억의 증폭에서 비롯된다. 태어난 지 얼마 되지 않은 강아지가 맹수인 호랑이를 두려워하지 않는 이유는, 그것이 위협이 된다는 어떤 정보도 갖고 있지 않기 때문이다.

우리가 알고리즘에 불편함을 느끼는 이유도 마찬가지다. AI가 불투명한 방식으로 인간의 가치를 판단하고, 배제하고, 소외시키는 것에 불편함을 느끼는 이유는, 이미 우리가 일상에서 그런 처우를 경험하며 살아왔기 때문이다.

이러한 논점을 이해하기 위해, 우리는 먼저 '누가 무엇을 규정하는가'라는 고전적인 질문으로 돌아가야 한다. 사회학에서 메리 더글러스(Mary Douglas), 어빙 고프먼

(Erving Goffman), 노르베르트 엘리아스(Norbert Elias)는 모두 사회 속 인간의 행위가 특정한 방식으로 규정되고 정의된다는 점에 주목했다.

메리 더글러스는 '더러움(dirt)'이라는 개념을 단지 위생의 문제가 아니라, 사회적 규범을 위반했을 때 나타나는 구조적 코드로 해석했다. 그녀에 따르면, 더러움이란 '잘못된 장소에 있는 것'이며, 이는 사회가 설정한 경계를 드러내고 유지하는 장치다. 예를 들어, 생리 현상이 금기시되는 것은 단지 청결 때문이 아니라, 사회 질서를 유지하려는 상징적 작동 방식이며, 이는 문화와 맥락에 따라 다르게 작동한다(Douglas, 1966).

고프먼은 한 걸음 더 나아가, 인간의 행위를 '연극적 수행(performance)'으로 설명했다. 사람은 언제나 타인의 시선 앞에서 특정한 이미지를 유지하려 하며, 특히 생리 현상처럼 체면을 위협할 수 있는 행위는 무의식적으로 억제되는 것이 아니라, 전략적으로 관리된다. 그는 '무대 앞(front stage)'과 '무대 뒤(back stage)'라는 개념을 통해, 공적 공간에서의 자기 통제가 얼마나 강력하게 작동하는지를 보여 주었다(Goffman, 1959).

엘리아스는 이러한 자기 통제를 장기적인 문명화 과정과 연결 지었다. 그는 개인의 감정 조절과 신체 통제 방식이 사회적 상호의존성과 국가 권력의 집중에 따라 점차 정교해졌다고 보았다. 중세 이후 국가가 폭력의 독점권을 가지게 되면서, 사람들은 외부의 강제보다는 내면화한 자기 검열과 통제를 중심으로 행동하게 되었고, 이에 따라 신체 행위에 대한 사회적 규범도 강화되었다 (Elias, 1939).

이러한 고전 사회이론이 던지는 핵심 메시지는 단순하지만 뼈아프다. 우리가 하는 모든 행위는 누군가의 규정과 정의에서 자유롭지 않다. 그리고 이 규정은 단지 약속이 아니라, 구조적 비대칭과 권력의 언어로 작동한다. 인간의 일상은 그렇게, 사회적 규범과 제도의 얽힘 속에서 구성된다.

이제 이 프레임을 알고리즘에 대입해 보자. AI와 알고리즘이 구성하는 세계 역시 일정한 약속과 규칙을 통해 인간의 행동을 정의하고 구분 짓는다. 알고리즘은 데이터를 기반으로 사용자의 행동을 유도하며, 그 과정에서 특정한 패턴만을 '정상'으로 간주하고, 예외는 점차 사라진다. 이것은 마치 생리현상처럼 은밀히 감춰지고 억제된 사회 규범의 또 다른 재현이라고 할 수 있다.

우리가 어떤 콘텐츠를 보게 되는가, 누구의 이야기를 먼저 접하게 되는가, 어떤 정보를 '중요하다'고 느끼게 되는가 하는 문제는 더 이상 개인의 자유로운 선택이 아니라, 알고리즘이 설계한 질서 안에서 이루어지는 사회적 행위가 되어 가고 있다.

정보의 불평등과 알고리즘 권력

정보는 항상 비대칭적이다. 인간은 동일한 정보를 동시에, 완벽하게 공유할 수 없다. 메시지가 전달되는 순간부터, 그 정보는 관계 속에서 해석되고, 선택되며, 배제된다. 이때 비대칭성은 단순한 오류가 아니라, 사회 구조를 설명하는 중요한 구성 요소가 된다.

우리가 흔히 이야기하는 네트워크 구조는, 노드(node)라 불리는 점들과 그 점들을 연결하는 에지(edge)라 불리는 선들로 이루어져 있다. 이 연결망 구조를 분석할 때는, 통상적으로 노드의 특성과 에지의 방향성, 연결 강도, 상호 관계 등을 함께 고려한다.

자, 이제 모든 노드가 정확히 같은 양의 정보를 주고받는 상황을 가정해 보자. 예를 들어 A 노드와 B 노드가 각각 100만큼의 정보를 보유하고 있고, A가 B에게 48.987만큼의 정보를 전달하며, B 역시 A에게 정확히 동일한 48.987만큼의 정보를 되돌려준다면, 우리는 이를 '정보의 등가 교환'이라 부를 수 있다. 이 경우 A와 B 사이에는 정보의 비대칭은 존재하지 않으며, 두 노드는 정보 교환에서 평등하다고 말할 수 있다.

그러나 실제 인간 사회에서 정보가 이처럼 정량적으로, 정확하게 주고받는 일은 거의 불가능하다. 앞서 언급했듯이, 정보 전달에는 언제나 왜곡, 누락, 해석, 맥락의 차이가 개입되며, 그로 인해 비대칭성은 필연적으로 발생한다. 이러한 비대칭성은 디지털 네트워크 환경에서 더욱 명확히 드러난다. 디지털 환경의 노드들은 서로 다른 위치, 연결 강도, 정보 흐름의 방향성을 가지며, 이 불균형은 정량적으로 측정 가능하다(Gruzd et al., 2011; 최윤재, 2024).

결과적으로, 각 노드는 서로 다른 정보적 영향력을 가지게 되며, 이 차이는 곧 사회적 위계로 이어진다. 누군가는 정보의 중심에 있고, 누군가는 주변부에 있다. 어떤 노드는 수많은 연결을 가지고 있으며, 어떤 노드는 거의 단절되어 있다.

이러한 정보의 위계 구조를 이해하면, 사람들이 똑같은 뉴스를 접하면서도 왜 전혀 다른 방식으로 반응하는지를 설명할 수 있다. AI 알고리즘은 이러한 정보 흐름을 더욱 정교하게 분류하고 배열한다. 그 결과, 이미 존재하던 정보의 비대칭성은 알고리즘으로 더욱 강화된다.

알고리즘은 정보를 평등하게 제공하지 않는다. 우리가 보고 싶어 하는 것만 보여 주고, 듣고 싶어 하는 것만 들려준다.

알고리즘 권력의 본질: 관계를 설계하는 힘

미국의 정치학자 로버트 달(Robert Dahl)은 권력을 이렇게 정의한 바 있다. "A가 B로 하여금, B가 원래 하지 않을 행동을 하게 만든다면, A는 B에 대한 권력을 갖는다." 여기서 권력은 단순한 강제력을 넘어선다. 영향력, 조종, 유혹, 기대, 심지어는 무언의 압박까지도 그 안에 포함된다(Dahl, 1957).

달은 권력관계를 설명하기 위해 네 가지 구성 요소를 제시했다. 첫째, '기반'은 권력을 행사하기 위해 필요한 자원이다. 대통령의 인사권처럼 제도적 자원일 수도 있고, 기술 기업이 보유한 사용자 데이터처럼 정보 기반의 자원일 수도 있다. 둘째, '수단'은 그 자원을 어떻게 활용하는가에 관한 것으로, 협박이나 보상처럼 명시적인 방식도 있고, 데이터 기반 추천처럼 보이지 않는 방식도 있다. 셋째, '범위'는 권력이 영향을 미치는 행동의 영역을 뜻하며, 넷째, '정도'는 그 영향력의 강도나 실현 가능성을 가리킨다(Dahl, 1957). 이 네 가지 요소는 서로 연결

되어 작동하며, 한 주체가 다른 주체에게 어떤 방식으로, 얼마나 영향을 미칠 수 있는지 구체적으로 드러내 준다.

그렇다면 오늘날의 알고리즘은 어떨까? 데이터를 자원으로 삼고, 추천 시스템이라는 수단을 통해, 이용자의 행동과 감정, 심지어는 믿음에까지 영향을 미친다. 클릭하지 않으려던 콘텐츠를 클릭하게 만들고, 생각하지 않았던 이슈에 분노하게 만들며, 심지어는 본래 믿지 않던 이야기를 진실처럼 받아들이게 한다. 알고리즘은 인간의 선택을 대신하지 않지만, 선택의 방향을 조정하고 가능성의 지형을 바꿔 놓는다.

결국, 알고리즘은 새로운 얼굴을 한 권력이다. 그것은 단지 행정 명령이나 물리적 강제를 동반하는 힘이 아니라 관계를 설계하고, 감각을 배열하며, 인식을 조정하는 힘이다. 우리가 어떤 현실을 보고, 어떤 선택을 하게 되는지를 지배하는, 조용하지만 강력한 힘이다.

알고리즘 권력, 어쩌면 우리 안의 거울

알고리즘의 작동방식은 어쩌면 우리가 사람들 앞에서 방귀나 트림을 억제하는 것과 다르지 않다. 공공의 시선을 의식하며, 자기검열을 통해 행동을 조율하는 것. 그 방식은 고프먼과 엘리아스가 설명한 '사회적 통제의 미세한 장치'다. 그리고 그 장치는 이제 인간이 아닌 AI 알고리즘이라는 시스템에 내장되어 있다.

우리는 알고리즘을 기술이라 부르지만, 실은 그것을 규범과 권력의 체계로 이해해야 한다. 우리가 무엇을 보고, 무엇을 믿고, 어떻게 반응하는가는 더 이상 우리의 자율만이 아니다. 이미 그 안에는 사회적 맥락, 규범적 구조, 그리고 정치적 설계가 깃들어 있다.

이것이 바로 알고리즘의 권력이며, 우리가 지금 마주하고 있는 '투명한 듯 불투명한 지배'의 실체다.

참고문헌

오세욱(2018). "알고리즘화(Algorithmification): 미디어의 핵심 논리로서 알고리즘". 《언론정보연구》, 55(2), 74~111쪽.

오요한 · 홍성욱(2018). "인공지능 알고리즘은 사람을 차별하는가?". 《과학기술학연구》, 18(3), 153~215쪽.

최윤재(2024). "코로나19 팬데믹에 대한 재난담론 연구". 고려대학교 박사학위논문.

Biju, P. R. & Gayathri, O.(2025). Algorithmic solutions, subjectivity and decision errors: a study of AI accountability. *Digital Policy, Regulation and Governance, 27*(5), pp.523~552.

Burrell, J. & Fourcade, M.(2021). The society of algorithms. *Annual Review of Sociology, 47*(1), pp.213~237.

Cheng, L. et al.(2021). Socially responsible AI algorithms: Issues, purposes, and challenges. *Journal of Artificial Intelligence Research, 71*, pp.1137～1181.

Dahl, R. A.(1957). The concept of power. *Behavioral Science, 2*(3), pp.201～215.

Douglas, M.(1966). *Purity and danger: An analysis of concepts of pollution and taboo*. Routledge.

Dourish, P.(2016). Algorithms and their others: Algorithmic culture in context. *Big Data & Society, 3*(2).

Elias, N. (1939). Über den Prozeß der Zivilisation: Soziogenetische und psychogenetische Untersuchungen (Vols. 1－2). Basel: Haus zum Falken. 박미애 옮김(1996). 《문명화과정 Ⅰ·Ⅱ》. 한길사.

Goffman, E.(1959). The presentation of self in everyday life. In Longhofer, W. & Winchester, D.(eds.). *Social theory re-wired*, pp.450～459. Routledge.

Gruzd, A. et al.(2011). Imagining Twitter as an imagined community. *American Behavioral Scientist, 55*(10), pp.1294～1318.

08
정치가 아니던 것이 정치가 되는 순간

AI는 '비정치적'이던 영역마저 정치화한다. 소비, 취향, 일상적 관계까지 특정 정체성과 세계관을 강화하는 방식으로 변질되며, 이는 하위정치의 확장과 정치적 과잉을 불러온다. 알고리즘은 사회 전반을 '정치의 언어'로 재구성하고 있다.

AI와 인재 채용?

정치의 언어로 재구성된 일상

AI는 정치의 범위를 확장한다. 더 정확히 말하자면, 기존에는 비정치적으로 여겨졌던 삶의 수많은 영역들을 정치화한다. 소비, 취향, 일상적 인간관계 같은 사적이고 비가시적인 삶의 요소들이, 어느 순간 특정한 정체성과 세계관을 강화하는 방식으로 작동하기 시작한다.

이 과정은 단순한 관심의 전환이 아니라, 하위정치의 급속한 확장을 의미한다. 알고리즘은 사회 전반을 '정치의 언어'로 재구성하고, 우리는 스스로 정치적인 존재가 되기를 강요당한다.

위험사회와 정치적 전도성

울리히 벡(Ulrich Beck)이 말한 '위험사회'는 단순한 재난사회가 아니다. 그 핵심은 위험이 더 이상 객관적인 실체가 아니라, 사회적으로 구성되고 해석된다는 점에 있다. 같은 상황이라도 어떻게 인식하고, 누가 그 의미를 규정하느냐에 따라 '위험'의 성격은 완전히 달라진다. 따라서 위험은 단지 과학적 설명의 대상이 아니라, 정치적 개입의 대상이 되며, 이는 곧 정치화의 촉진제로 기능하게 된다(Beck, 1992, 2009; Boin et al., 2005; Douglas & Wildavsky, 1983; Chan, 2016; 최윤재 · 전세훈, 2025).

현대 사회에서 위험은 산업화의 부산물일 뿐 아니라, 정치적 동력이 되기도 한다. 위험이 사회적 의제로 부각되면서 정치의 장소와 주체, 매개체는 크게 변화했다. 전통적으로 정당, 정부, 국회 같은 공식 정치 구조가 독점하던 역할은 점차 언론, NGO, 시민운동, 과학기술 전문가 등 전통적으로 비정치적 행위자들이었던 이들에게로 분산되었다. 정치는 이제 공식 제도에 국한되지 않고, 다양한 사회 행위자들이 능동적으로 구성해 나가는 확장된 정치의 장으로 바뀌었다.

이처럼 위험이 정치의 경계를 허물고 새로운 구조를 형성하는 현상은 '정치적 전도성(political reverse)'의 개념으로 이해할 수 있다(Beck, 1993).

이 개념은 기존 정치 집합들이 수행하던 역할이 새로운 행위자들에 의해 역전되거나 재구성되는 과정을 의미한다. 예를 들어, 과거에는 감염병 대응의 중심에 보건복지부나 질병관리청 같은 국가기관이 있었지만, 이제는 감염병 전문가, 언론, 플랫폼 기업, 그리고 AI가 그 중심을 대체하는 것과 같다.

위험이 낳은 정체성과 역설

위험사회가 만들어 낸 또 하나의 변화는 시민 정체성의

이중적 분화다. 현대의 시민은 더 이상 단일한 정치 주체가 아니다. 이제 시민은 한편으로는 정치적 권리를 추구하는 존재이면서, 동시에 다른 한편으로는 경제적 이익을 극대화하려는 경제적 시민으로 기능한다. 이러한 모습은 '분리된 시민'이라는 개념으로 설명할 수 있다(Dahl, 1989, 1998; Beck, 1993; Castells, 2000).

기술 발전과 경제 성장은 경제적 시민의 자율성과 선택지를 확대하며, 많은 이들이 점점 더 정치 참여보다 시장 참여를 우선시하게 된다. 그리고 바로 이 지점에서 하나의 역설이 발생한다. 정치 제도는 외형적으로는 확대되고 있지만, 정작 실질적인 참여는 위축되고 있는 것이다(Beck, 1993; Castells, 2000).

왜일까? 정치에 참여한다는 것은 단지 시간만 있다고 해서 가능한 일은 아니다. 참여에는 경제적 여유, 정보 접근성, 행동 가능성 등 다양한 '여유'와 '자원'이 필요하다. 민주주의는 누구나 참여할 수 있는 제도라지만, 실제로는 참여할 수 있는 사람만이 참여한다. 투표가 민주주의의 전부가 아님에도 사람들은 투표만으로 정치적 책임을 다했다고 생각하거나, 때로는 그마저도 외면한다. 그 결과 민주주의는 점점 소수에게만 실질적 참여가 허용되는 제도로 변모한다.

정치적으로는 민주적 권리를 주장하면서도, 경제적으로는 사적 이익을 우선하는 '분리된 시민'의 등장은 정치 참여를 더욱 어렵게 만든다. 여기에 기성 정치에 대한 환멸, 기술을 통한 정치 참여 기회의 증가 등 여러 요인들이 맞물리며, 결국 참여할 수 있는 자격과 여건을 갖춘 소수만이 적극적으로 정치에 개입하는 구조가 형성되고 있다(Dahl, 1989, 1998; Beck, 1993; Castells, 2000).

다시 말해, 형식적 민주주의는 확대되지만, 그 실질은 점점 빈곤해지고 참여는 선별적이 된다. 민주주의는 결국, 소수의 시민에게만 실질적 참여가 허락되는 체제로 나아가고 있는 것이다.

호명의 힘

앞서 언급한 '소수에게만 허락되는 민주주의'의 핵심 요소 중 하나는 기술의 발전이다. 그리고 이 책에서 지속적으로 강조하려는 지점 역시 기술 발전이며, 그 기술 발전의 핵심에 AI가 자리하고 있다.

이와 관련하여, 과학기술 발전에 대한 하나의 개념적 전환을 더 짚고 넘어가 보려 한다. 과학과 기술은 더 이상 중립적인 영역이 아니다. 위험사회에서 과학기술은 단지 문제 해결의 도구를 넘어, 정치적 권위와 결정의 중심 기제로 기능하게 된다. 이는 기술 정책의 문제가 아니라, 기술 그 자체가 정치 행위를 대체하게 되는 시대로의 전환을 의미한다.

이를 명확히 보여 주는 사례 중 하나가 바로 의료기술의 발전이다. 과거에는 가슴이 두근거리거나 불안한 감정을 질병으로 간주하지 않았다. 불안감을 호소하면 "찬물로 샤워하고 와라"거나, "대범하지 못하다", "마음이 약해서 문제다" 같은 말로 넘겨지곤 했다. 감정이나 신체 반응은 개인의 자세나 태도로 환원되었다. 그러나 지금은 동일한 증상이 공황장애, 허혈성 심장 질환 등으로 진단되고, 약물 치료나 의료적 개입이 이루어진다.

의료기술이 발전할수록, 오히려 질병의 개수는 늘어나고, 질병의 정의는 세분된다. 예를 들어, 코로나19 팬데믹 이전까지만 해도 많은 감염 질환은 단순한 '기침병'이나 '독한 감기' 정도로 여겨졌다. 하지만 이제는 코로나19, 메르스, 사스 등 다양한 변이 바이러스들이 구분되어 명명되고, 각각의 처방과 대응이 다르게 구성된다.

즉, 의학의 발전은 단지 치료 기술의 진보가 아니라, 새로운 질병을 정의하고 기존 질병의 의미를 재편하는 과정이기도 하다. 그 결과, 의료는 과학을 넘어 사회적 · 정치적 행위의 공간으로 확장된다(Beck, 1993, 2009).

의사는 더 이상 단순한 치료 기술자에 머무르지 않는다. 환자의 행동과 삶에 대해 일정한 통제 권한을 행사하는 '정당한 권위자'가 되며, 그 행위는 봉사, 헌신, 선구적 전문성이라는 이름으로 정당화된다(Beck, 1993, 2009).

물론 그것을 비판하려는 것은 아니다. 중요한 것은, 이런 구조가 어떤 정치적 힘을 발휘하고 있는가를 이해하는 것이다.

질병의 범주화는 곧 권력이다. '무엇을 병이라 부를 것인가'는 단순한 의학적 논쟁이 아니라, 사회 규범을 정의하고 행동을 통제하는 정치적 투쟁이다.

'비정치적 정치 기계'로서의 AI

이제 다시 기술과 AI로 눈을 돌려 보자. 위에서 살펴본 의학의 정치화 구조는 AI에 연결될 때 더욱 정교하고 강력한 권력 메커니즘으로 작동하게 된다. AI는 인간보다 더 많은 데이터를 처리하고, 더 빠르게 위험을 감지하며, 더 세밀하게 사람들을 분류한다. 이 과정에서 AI는 기존 정치 기구를 대체하는 새로운 '비정치적 정치 기계'로 기능하게 된다.

표면상 AI는 언제나 객관적이고 중립적인 존재처럼 보이지만, 실제로는 위험의 의미를 재구성하고, 사회적 분류 기준을 설계하며, 정치적 영향력을 행사하는 행위자로 작동한다(Dourish, 2016; Burrell & Fourcade, 2021; Biju & Gayathri, 2025). 즉, AI는 권력을 가진다.

그것은 결정을 내리는 권력이자, 질서를 설계하는 권력, 그리고 예외를 지워 버리는 권력이다. 그 권력은 '비정치적인 것처럼 보이는 기술'의 옷을 입고 작동하기 때문에 더욱 은밀하고도 강력하다.

정치적 전도성의 핵심: 정치의 경계가 무너진다

정치적 전도성은 정치의 경계가 뒤바뀌고 확장되는 현상으로 나타난다. 즉, 기존의 정치가 실패하거나 무기력해질수록, 정치의 역할은 점차 비정치적인 영역으로 전이된다. 그 결과 우리는 정치가 존재하지 않던 곳에서 오히려 정치적 판단과 갈등이 새롭게 발생하는 현상을 마주하게 된다.

첫째, 위험 자체가 근대성을 정치화하기 때문에, 전통적인 정치 구조는 점차 위험 관리 중심으로 재편된다. 정당과 정부는 더 이상 유일한 대응 주체가 아니며 언론, 기업, 알고리즘이 그 자리를 점점 대체해 간다. 그리고 정치적 전도성은 더욱 가속화한다(Beck, 1993, 2009; 최윤재, 2024; 최윤재 · 전세훈, 2025).

둘째, 정당의 부패, 정부에 대한 불신, 정치 혐오의 확산은 전도성을 더욱 촉진한다. 사람들은 정치로부터 멀어지지만, 동시에 정치는 더 넓은 일상으로 스며든다. 기업의 행동이 정치가 되고, 알고리즘의 설계가 정치가 된다. 이것은 단순한 은유가 아니라, 실제 권력 작용의 무대가 바뀌는 구조적 변화다(Beck, 2009).

셋째, 기술의 발전은 정치의 영역을 일상생활 속으로 밀어 넣는다. 특정 기술을 사용할 수 있다면 누구나 정치적 참여의 문턱에 한 발 더 가까이 다가설 수 있다(Beck, 1993, 2009). 예컨대, 함께 달리기를 즐기던 사람들이 온라인 커뮤니티나 청원 게시판을 통해 정책을 제안하거나 시위에 참여할 수 있다. 일상 정보를 나누던 커뮤니티가 특정 쟁점에 대해 사회적 합의를 이끌고, 실제 영향력을 행사하기도 한다. 반대로 국회의원들이 대중을 초청해 공청회를 열고, 법 제정을 위한 의견을 수렴하는 방식 역시 이 흐름의 일부다.

정치적 장은 기술과 함께 일상의 장으로 확장되고 있다. 정치란 책임을 묻고, 대상을 해석하며, 권력을 행사하여 사회를 조직하는 행위다. 그리고 정치가 무기력해질수록, 이 기능은 점점 전통적인 정치 주체 이외의 행위자들에 의해 수행된다.

결국 AI는 정치적 행위자다

앞서 살펴본 것처럼, 하위정치의 핵심은 과학기술이며, 이제 그 중심에는 AI가 자리하고 있다. AI는 더 이상 단순한 도구가 아니다. 그것은 해석하고, 분류하고, 판단하며, 결정하는 정치적 수행자다.

우리는 정치에 대한 혐오 속에서도 여전히 정치의 언어로 세상을 해석한다. 그러나 그 정치는 더 이상 의회와 정당의 정치가 아니라 플랫폼 알고리즘, 의료기술, 데이터 분류 방식이라는 새로운 정치의 장으로 옮겨 갔다.

정치가 아니던 것이 정치가 되는 순간, 우리는 AI를 단지 기술로만 바라볼 수 없게 되었다. AI는 새로운 권력 구조의 일환이자, 우리가 직면하고 있는 가장 강력한 정치적 행위자 중 하나가 되었기 때문이다.

참고문헌

최윤재(2024). "코로나19 팬데믹에 대한 재난담론 연구". 고려대학교 박사학위논문.

최윤재 · 전세훈(2025). "한국사회 재난참사 인식에 대한 연구: 재난담론의 정치화". 《한국사회》, 26(1), 71~123쪽.

Beck, U.(1992). *Risk society: Towards a new modernity (Vol. 17).* Sage.

Beck, U.(1993). *Die Erfindung des Politischen: Zu einer Theorie reflexiver Modernisierung.* Suhrkamp. 문순홍 옮김(1998).

《정치의 재발견: 위험사회 그 이후－재귀적 근대사회》. 거름.
Beck, U.(2009). *World at risk*. Polity.
Biju, P. R. & Gayathri, O.(2025). Algorithmic solutions, subjectivity and decision errors: a study of AI accountability. *Digital Policy, Regulation and Governance, 27*(5), pp.523~552.
Boin, A. et al.(2005). *The politics of crisis management: Public leadership under pressure*. Cambridge University Press.
Burrell, J. & Fourcade, M.(2021). The society of algorithms. *Annual Review of Sociology, 47*(1), pp.213~237.
Castells, M.(2000). *The rise of the network society*. John Wiley & Sons.
Chan, C. K.(2016). Defining health risk by media template: Hong Kong's news discourse of the Swine Flu pandemic. *Journalism, 17*(8), pp.1018~1036.
Dahl, R. A.(1989). *Democracy and its Critics*. Yale University Press.
Dahl, R. A.(1998). *On democracy*. Yale University Press.
Douglas, M. & Wildavsky, A. B.(1983). *Risk and culture: An essay on the selection of technological and environmental dangers*. University of California Press.
Dourish, P.(2016). Algorithms and their others: Algorithmic culture in context. *Big Data & Society, 3*(2).

09
재난 담론 30년, 정치화되는 한국 사회의 위험

한국 사회의 재난 담론 변화를 분석한 연구를 통해, 위험이 점점 정치화되고 있음을 실증적으로 보여 준다. AI가 만들어 내는 사회적 위험 역시 같은 흐름 속에 있음을 확인한다. 한국 사회의 재난 담론을 분석한 연구는, 시간이 흐를수록 위험과 재난이 점점 더 정치적으로 구성되고 있음을 보여 준다. 실증 분석 결과를 바탕으로, 위험사회에서 정보와 서사가 어떻게 권력화하는지 설명한다.

AI와 기자?

재난 이후, 누가 무엇을 말하는가

재난이 발생할 때마다 특정한 정보 서사, 혹은 이야기의 구조가 형성된다. 우리는 이것을 '재난 담론'이라 부른다. 그런데 시간이 흐를수록 이러한 재난 담론에는 정치화의 특징이 점점 더 강하게 나타나고 있다. 다시 말해, 재난 담론이 점점 더 정치화되고 있는 것이다.

이 책에서 해당 주제를 다루는 이유는 재난 담론의 정치화가 AI의 그늘 아래 놓여 있기 때문이다. 알고리즘과 플랫폼이 여론을 형성하고, 정보의 흐름을 통제하며, 정치적 해석의 방향을 좌우하는 지금, 재난을 둘러싼 담론 역시 기술과 정치의 복합적 작동 안에 자리하고 있다. 지금부터 그 구체적인 양상을 하나씩 살펴보자.

제로베이스

재난이란 무엇일까? 흔히 우리는 재난을 지진, 태풍, 화재, 침몰, 충돌, 추락 등 물리적 사고의 형태로 이해한다. 하지만 사회학적 관점에서 재난은 단지 물리적 파괴만을 의미하지 않는다. 재난은 사회가 유지해 오던 질서와 규범을 일시적으로 무너뜨리며, 모든 것을 초기 상태, 즉 제로베이스(zero-base)로 되돌리는 상황이다. 또한 이로 인해 기존의 권위와 규칙은 약화하고, 사회적 혼란과

불안정성이 급증한다(Strong, 1990; Morgan, 2020; 최윤재, 2024).

재난의 본질은 이러한 혼란스러운 상황을 설명하고 통제하려는 과정에서 드러난다. 재난이 발생하면 사회 구성원들은 지금 무슨 일이 벌어지고 있는지를 파악하려 하며, 그 책임이 누구에게 있는지를 따지기 시작한다. 더불어 위기 상황을 어떻게 해결할 것인지에 대한 논의도 즉각적으로 이루어진다. 그리고 이 과정에서 필연적으로 권력 투쟁이 발생하고, 재난 담론은 본질적으로 정치적 성격을 띠게 된다(Beck, 1992, 2009; 최윤재 · 전세훈, 2025).

한국 사회 재난 담론의 30년

다음의 내용－한국 사회 재난담론의 30년: 담론의 정치적 변화, 재난담론 연구 결과의 의미와 특징－은 모두 최근 발표된 최윤재와 전세훈(2025)의 연구인 "한국사회 재난참사 인식에 대한 연구: 재난담론의 정치화"《한국사회》(26권 1호, 71~123쪽)의 내용을 바탕으로 구성되었다. 특히 1990년대 이후 한국 사회 재난 담론의 변화 양상을 중심으로, 재난의 정치화 경향을 담론 분석 기반으로 정리했다.

한국 사회에서 재난 담론의 정치화는 지난 30여 년간 급격히 증가해 왔다. 문민정부가 출범한 1990년대 초반부터 한국 사회는 다양한 재난과 참사를 경험하며 재난 관리 법제화와 제도적 대응력을 지속적으로 강화해 왔다. 그러나 재난 대응의 기술적 발전보다 더 중요하게 부상한 것은 바로 '재난을 어떻게 설명하느냐'였다. 정부와 언론이라는 두 핵심 발화자가 재난에 대해 서로 다른 서사를 만들어 내면서, 재난은 사회적 · 정치적 논쟁의 핵심 주제로 자리 잡았다.

1990년대 초반 한국 사회는 재난이 발생할 때마다 주로 현장 대응과 안전 관리 등의 기술적이고 실질적인 문제를 중심으로 논의를 진행했다. 당시 재난 담론은 주로 민간 차원의 재난 예방 및 관리가 핵심이었다. 그러나 2000년대 이후, 특히 2003년 대구 지하철 화재 참사, 2014년 세월호 참사 등을 거치면서 재난 담론은 점차 정치적 논쟁으로 확장하기 시작했다. 특히 세월호 참사 이후에는 정부의 책임과 대응력 논쟁이 사회적 논의의 중심으로 등장했으며, 정치적 책임 소재를 두고 여야 간 격렬한 논쟁이 일어나기도 했다.

그리고 이러한 흐름은 2020년대 코로나19 팬데믹 상황에서 절정을 이루었다. 팬데믹 초기 정부의 대응은 세계적으로도 인정받았지만, 이후 백신 수급 논란, 사회적 거리두기 정책의 효용성 등을 둘러싸고 정치적 논쟁이 가열되었다. 정부는 기술적이고 과학적인 관리 능력을 강조했지만, 야당과 언론은 정부의 대응 능력 부족과 정치적 의도를 문제 삼으며 논란이 증폭되었다. 팬데믹은 더 이상 공중보건 문제가 아니라 한국 사회의 정치적 갈등을 심화하는 주요한 사회적 사건으로 변모했다.

이처럼 지난 30년간 한국 사회에서 지속적으로 나타난 현상은 재난 담론이 점점 더 정치적 의제로 전환되고 있다는 점이다. 정부는 자신들의 기술적 대응력과 안정적 관리 능력을 강조하는 반면, 언론은 재난의 정치적 책임 소재와 대응의 미흡함을 집중적으로 부각한다. 즉, 재난 담론의 본질은 재난 상황 자체보다 '재난을 설명하는 주체가 누구인가'의 문제로 이동하고 있다(최윤재 · 전세훈, 2025).

재난 담론 연구 결과의 의미와 특징

앞서 언급한 "한국사회 재난참사 인식에 대한 연구: 재난 담론의 정치화"는 지난 30년간 정부와 언론이 생산한 재난 담론 데이터를 기반으로, 데이터 사이언스와 AI 언어 처리 모델을 활용해 체계적인 분석을 수행했다. 이 연구는 약 20개의 핵심 주제가 도출되었으며, 이는 재난 관리, 구조 활동, 정부 대응, 경제적 위기, 사회문화적 문제 등 다양한 영역을 포괄한다. 또한 발화자별 분석을 통해 이들 주제를 7개의 주제 군집으로 분류했다.

흥미롭게도 정부가 생산한 담론은 주로 정책적 대응과 예방 조치, 안전의식 강화, 평화와 안보 등의 주제를 중심으로 구성되었다. 반면 언론이 생산한 담론은 주로 정부의 대응 실책과 정치적 논쟁을 강조하며 재난 문제를 정당 간 대립 및 책임 소재의 정치적 문제로 확장하는 경향을 보였다.

이 연구 결과의 핵심은 재난 담론의 초점이 '발생한 재난 그 자체'에서 재난을 설명하는 주체의 '설명력'으로 옮겨 가고 있다는 점을 보여 준다는 것이다. 재난 상황에서 누가 더 신뢰할 만한 정보를 제공하고, 더 합리적이며 설득력 있는 해석을 하는지가 핵심이 되고 있다. 이는 결국 재난 담론이 정보와 서사의 권력화를 통해 '정치적 경쟁(Political Competition)'의 주요 수단으로 작용한다는 사실을 시사한다(최윤재 · 전세훈, 2025).

AI 시대, 재난 담론 정치화의 새로운 단계

최근 들어 재난 담론의 정치화는 더욱 복잡한 국면으로

접어들고 있다. 그리고 그 중심에는 AI 알고리즘이라는 새로운 기술적 행위자가 있다. AI는 개개인의 취향과 정치적 성향에 따라 서로 다른 정보와 해석을 제공한다. 예를 들어, 같은 코로나19 팬데믹 상황이라도, 알고리즘은 개인의 성향에 따라 전혀 다른 뉴스를 보여 주며, 그로 인해 서로 다른 정치적 해석과 대응을 촉진한다.

AI 알고리즘은 결코 중립적이지 않다. 알고리즘은 객관적이고 중립적으로 보이는 정보를 제공하지만, 실제로는 사용자들이 더 오래 체류하고 자주 클릭하는 자극적인 콘텐츠를 우선 배치한다(Dourish, 2016; Cheng et al., 2021). 결국 이로 인해 재난을 둘러싼 사회적 인식은 더욱 양극화하고, 소통은 불가능한 서로 다른 현실이 만들어진다. AI는 위험과 재난을 정치적 의제로 만드는 사회적 메커니즘을 더욱 가속화하는 새로운 요인이 되고 있다.

AI 위험사회와 정치의 미래

지금까지 우리는 한국 사회의 지난 30년간 재난 담론을 돌아보며, 재난을 정치화하는 중심 주체에 정부와 언론이 있다는 사실을 확인했다. 이제 우리는 여기에서 한 걸음 더 나아가, AI 알고리즘이 초래하는 새로운 사회적 위험에 주목해야 한다.

재난의 정치화 과정은 더 이상 정부와 언론 간의 전통적인 경쟁 구도에 머무르지 않는다. AI가 구성하는 정보의 구조와 그에 대한 정치적 해석이 결합하면서, 위험의 정치화는 더욱 강화되고 있기 때문이다.

재난 담론에서 늘 주도적이고 우선적 행위자의 지위를 차지했던 정부만큼 언론이 중요했던 이유는 정부의 재난 관련 발표가 언론을 통해 사람들에게 전달되기 때문이다. 그리고 이제 정부 및 언론 사이에 하나의 통로가 하나 더 생기고 있다. 바로 AI이다. 이제는 정부의 재난 발표나 언론의 재난 보도가 AI를 통해 사람들에게 전해지고 있다. 순수한 통로 역할을 하는 AI가 아니라, 선택과 집중, 편집과 가공이 가능한 AI를 통해서 말이다.

AI 위험사회에서 우리는 알고리즘이 생산하는 정보와 서사가 어떻게 사회를 분열시키고, 정치적 담론을 극단화하는지를 깊이 이해해야 한다. 기술이 만들어 내는 위험을 관리하기 위한 새로운 사회적 논의가 필요하며, 지금이 바로 그 논의를 시작할 때다. AI 시대의 위험은 기술적 문제가 아니라, 철저히 정치적이고 사회적으로 해결해야 할 문제이기 때문이다.

참고문헌

최윤재(2024). "코로나19 팬데믹에 대한 재난담론 연구". 고려대학교 박사학위 논문.

최윤재 · 전세훈(2025). "한국사회 재난참사 인식에 대한 연구: 재난담론의 정치화". 《한국사회》, 26(1), 71~123쪽.

Beck, U.(1992). *Risk society: Towards a new modernity (Vol. 17)*. Sage.

Beck, U.(2009). *World at risk*. Polity.

Cheng, L. et al.(2021). Socially responsible ai algorithms: Issues, purposes, and challenges. *Journal of Artificial Intelligence Research, 71*, pp.1137~1181.

Dourish, P.(2016). Algorithms and their others: Algorithmic culture in context. *Big Data & Society, 3*(2).

Morgan, M.(2020). Why meaning-making matters: The case of the UK Government's COVID-19 response. *American Journal of Cultural Sociology, 8*, pp.270~323.

Strong, P.(1990). Epidemic psychology: A model. *Sociology of Health & Illness, 12*(3), pp.249~259.

10
민주주의를 위한 알고리즘은 가능한가?

AI 시대의 민주주의는 기술을 거스를 수 없다. 그렇다면 우리는 어떤 알고리즘을 설계해야 할까? 다양성, 투명성, 책임성, 그리고 선택의 자율성을 확보한 새로운 알고리즘 생태계의 방향을 제안한다. 지금의 알고리즘 생태계는 공론과 민주주의의 적이다. AI는 인간의 인지를 확장하는 것이 아니라, 축소하고 있다. 우리는 알고리즘의 투명성과 다원성을 강화하고, 민주주의를 위한 새로운 설계 원칙과 규범이 필요하다.

AI와 미래 의사?

선택하는가, 선택당하는가

AI 시대의 민주주의는 기술을 거스를 수 없다. 우리는 이미 AI가 우리의 삶을 깊숙이 지배하는 세상 속에 살고 있다. 중요한 것은 더 이상 기술을 피하거나 통제하는 문제가 아니다. 우리는 이제 AI라는 기술을 민주주의와 공존 가능한 방식으로 재구성하는 문제를 고민해야 한다. 지금까지 살펴본 것처럼, 알고리즘은 공론과 민주주의를 위협하고 인간의 인지를 확장하는 것이 아니라 오히려 축소하고 있다. 따라서 우리는 어떤 알고리즘을 설계해야 하는지 본격적으로 논의해야 한다(Cheng et al., 2021; Barnes et al., 2024).

현재의 알고리즘 생태계는 민주주의의 적이다. 유튜브, 인스타그램 등 대부분의 온라인 플랫폼은 사용자에게 제공하는 정보를 맞춤화하면서도, 사실상 사용자의 선택권을 제한하고 있다. 사용자는 분명히 자신이 원하는 콘텐츠를 선택한다고 믿지만, 실제로는 클릭과 체류 시간, 유사한 사용자의 선호도를 바탕으로 설계된 알고리즘이 선택한 콘텐츠를 받아들일 뿐이다(Dourish, 2016; 오세욱, 2018; 이희은, 2019; 정원섭, 2020; Biju & Gayathri, 2025). 우리는 '선택하고 있다'고 착각하지만, 실제로는 '선택당하고' 있다.

이러한 문제를 해결하기 위한 한 가지 대안은, 정보 제공 항목을 세부적으로 구성하고 사용자가 그 비율을 직접 선택할 수 있게 하는 것이다. 예를 들어 사용자가 자신의 선호 콘텐츠 50%, 동일 연령대가 선호하는 콘텐츠 25%, 플랫폼이 추천하는 콘텐츠 25% 등으로 구체적으로 설정할 수 있어야 한다. 지금도 일부 콘텐츠를 차단하는 기능이 존재하지만, 사용자가 정보 제공의 비율과 내용을 세밀하게 통제할 수 있는 권한은 여전히 부족하다. 이를 통해 개인이 알고리즘의 작동 방식을 인지하고 자율성을 회복할 수 있도록 도와야 한다.

우리는 왜 서로를 혐오하게 되었을까?

오늘날 우리는 '보고 싶은 것만 볼 수 있는 시대'에 살고 있다. SNS와 유튜브의 알고리즘은 우리가 이미 가지고 있는 믿음을 더욱 강화하는 방식으로 작동한다. 알고리즘은 사용자가 좋아하는 콘텐츠를 반복해서 제공하며, 다른 견해는 점점 '이상한 것', '불쾌한 것', '위험한 것'으로 여겨진다. 이렇게 형성된 확증 편향은 결국 사회적 분열과 혐오를 확대한다(Turner & Killian, 1972; Goffman, 1974; Gamson & Modigliani, 1989; DiMaggio et al., 2013; 최윤재, 2024).

더 큰 문제는 알고리즘이 감정적 반응을 부추기고 극단적인 콘텐츠를 조용히 확산시킨다는 점이다. 이러한 현상은 단순히 개인적 문제가 아니라, 사회적이고 구조적이며 기술 정치적 현상이다. 알고리즘이 조장하는 정보 소비의 극단화는 결국 민주주의의 핵심 기반인 합리적 토론과 공론장을 무너뜨린다.

AI는 늘 사용자 맞춤을 내세우지만, 그 과정에서 인간의 인지를 단순화하고 왜곡한다. '맞춤형 정보'는 결국 '편향된 정보'의 반복이며, 사용자들의 사고를 단순한 틀 안에 가둔다(Dourish, 2016; 오세욱, 2018; 이희은, 2019; 정원섭, 2020; Biju & Gayathri, 2025). 이는 민주주의의 핵심 가치인 다양성과 공론장을 직접적으로 위협한다. 클릭과 체류 시간을 극대화하기 위해 자극적이고 극단적인 콘텐츠가 우선 제공되며, 합리적이고 심층적인 토론은 사라지고 감정적 분열만 남게 된다. 결국 사용자는 선택의 주체가 아니라 선택당하는 객체로 전락한다.

이러한 현상이 지속될수록 사회는 더 극단적으로 분열된다. 정치적 진영 간의 소통은 단절되고, 논쟁 가능한 상대방은 '말이 통하지 않는 적'으로 여겨진다. 결국 팩트와 현실은 점점 사라지고, 대신 감정화한 믿음만 남게 된다. 공통된 현실이 사라지면서 민주주의의 근간도 함께 무너진다.

우리의 적은 누구였을까?

인간 사회는 언제나 자신을 위협하는 '적'을 상정해 왔다. 그리고 역사적으로 보면, 시대마다 두려움과 통제를 투사할 대상은 달라졌다.

맹수는 대표적인 초기의 적이었다. 동서양을 막론하고 호랑이, 사자, 늑대, 표범 등은 물리적으로 인간보다 우월한 포식자로, 연약한 피부를 가진 인간에게 생명의 위협이었다. 특히 밤이 되면, 어둠과 함께 이들은 공포의 상징이 되었고, 수많은 이야기, 동화, 전설을 통해 인간의 불안과 공포심을 자극해 왔다.

자연도 두려움의 대상이었다. 태풍, 지진, 화산폭발, 해일, 가뭄, 홍수 등은 지금도 우리의 삶을 위협하는 존재들이다. 한 해의 농사를 망치게 하는 가뭄과 홍수는 굶주림을 초래했고, 거대한 자연재해는 도시를 쓸어버리거나 국가를 멸망시키기도 했다.

그러나 이런 맹수나 자연재해만큼, 혹은 더 무서운 적은 인간이었다. 외부로부터 침입하는 이민족은 평화로운 공동체를 파괴했다. 가족을 학살하고, 물자와 자원을 약탈하며, 삶의 터전을 불태웠다. 외부의 타민족은 늘 경계의 대상이었고, 이들의 위협은 공동체를 결속시키는 동시에, 두려움의 서사를 강화했다.

또한 외부보다 더 통제하기 어려운 위협이 내부에서 등장하기도 했다. 독재자는 같은 민족 안에서 계급과 신분, 종교와 신화를 동원하여 폭력을 정당화하고 사람들을 억압했다. 빼앗고, 때리고, 불태우고, 죽였다. 이러한 내부의 권력은 눈앞의 적보다 더 지속적이고 교묘하게 사람들의 삶을 위협했다.

질병 또한 인간의 오랜 적이었다. 눈에 보이지 않으며, 남녀노소 불문하고 누구에게나 전염될 수 있다는 점에서 질병은 공포의 정점에 있었다. 전염병은 공동체를 무력하게 만들고, 인간의 존엄과 통제력을 무너뜨렸다.

나아가 여기에 더해 외계인, 좀비, 유령, 귀신 등 과학적으로 규명되지 않은 존재들도 인간의 상상이나 주관적 인식 속에서 꾸준히 적으로 등장했다. 이들은 사람들의 생각과 문화적 배경 속에서 인간을 위협하고, 다양한 재앙과 공포를 상징적으로 대변했다.

맹수, 자연, 이민족, 독재자, 질병, 외계인, 귀신, 유령, 좀비 등은 각 시대의 지식수준, 기술 환경, 권력 구조에 따라 변화하며 공포의 대상을 구성해 왔다(Douglas &

Wildavsky, 1983; Ungar, 1992; Brosius & Bathelt, 1994; Gregory & Miller, 2000; Russell & Babrow, 2011; Chan, 2016).

그리고 지금, 우리는 '적'이라는 빈칸에 또 다른 것을 채워 넣고 있다. 바로 AI이다. 'AI가 인간을 지배하고 정복할 것이다', '인간의 지능은 AI에게 추월당하고 잠식당할 것이다'와 같은 이야기들은 영화, 소설, 뉴스 등 다양한 문화 콘텐츠를 통해 사람들에게 새로운 공포를 안겨주며 AI를 경계의 대상으로 만들고 있다(Selvarajah et al., 2019; Yam et al., 2023; Oomen et al., 2024).

그런데 여기서 우리가 주의해야 할 것이 있다. 원인과 결과를 꼼꼼히 살펴보는 것, 즉 인과관계에 대한 면밀한 검토가 필요하다. 앞서 언급한 수많은 '적'들은 상황에 따라 공포심이 상대적으로 변하기 때문이다.

도시에 사는 사람들이 밤마다 호랑이나 표범이 등장할 것을 두려워하지는 않는다. 물론 아프리카 초원에서 홀로 캠핑을 하거나 동물원을 탈출한 맹수가 심야 도시를 활보한다면 무서운 일이겠지만 말이다. 이처럼 사나운 맹수들은 어디에 있느냐에 따라 공포의 대상에서 호기심을 자극하는 대상으로 바뀌기도 한다.

이와 유사하게 자연재해도 여전히 공포의 대상이지

만, 극복의 대상이기도 하다. 동일한 자연재해라도 사회 인프라가 잘 갖추어져 있고 예방 대책과 실천이 이루어진다면 그 피해가 불러일으키는 공포는 줄어들 수 있다.

이민족의 침입은 외교와 국방으로, 독재자의 등장은 권력분립과 대중의 정치 참여로, 질병은 연구와 예방으로, 초자연적 현상들은 문화와 일상 속 규범으로 두려움의 대상에서 극복의 대상으로 바뀔 수 있다.

이제 다시 AI 이야기로 돌아가 보자. AI는 맹수나 질병처럼 명확한 실체를 가진 적은 아니지만, 점진적이고 비가시적이며 감지되지 않는 방식으로 사회를 위협한다. 그 위협은 알고리즘이 만들어 내는 정보의 왜곡, 사회의 분열, 민주주의의 침식이라는 형태로 나타나며, 기술의 중립성을 가장한 새로운 권력으로 기능한다.

그렇기에 우리는 AI가 어떻게 우리 사회에서 작동하는지, 그 정보 전달 메커니즘은 어떠한지, AI가 만들어 내는 사회 및 정치적 환경은 어떤지를 면밀히 살펴보아야 한다. 이는 결국 AI를 무조건 두려워해야 할 공포의 대상으로 보는 것이 아니라, 우리가 어떻게 대응하느냐에 따라 그 피해를 최소화할 수 있는 극복의 대상으로 인식하는 데 도움이 될 것이기 때문이다.

기술이 만든 위험사회와 재난 담론 변화

현대 사회는 기술이 만든 위험 속에서 작동한다. 알고리즘은 점진적이고 비가시적인 재난처럼 사회를 무력화시키고 새로운 권력 구조를 만들어 낸다. 이러한 현상은 사회에서 나타나는 재난 담론의 변화와도 연결된다. 한국 사회는 점차 재난을 정보와 서사의 경쟁, 즉 담론 경쟁으로 변모시켜 왔다. 재난이 발생하면 사람들은 해당 재난에 대한 설명을 필요로 한다. 이 재난이 우리에게 왜 발생했는지, 우리는 왜 이런 고통을 당하는지, 발생한 재난을 막을 수는 없었는지와 같이 당면한 사태에 대한 설명이 필요하다. 그리고 현대 사회에서 이러한 설명의 책임은 통상 정부에 주어진다. 재난 담론은 국가의 역할을 강조하고, 민주주의 정부는 정당 간의 대립을 필연적으로 수반한다(Hall et al,. 1978; Boin et al., 2005, 2008; Beck, 1992, 2009; Leifeld & Cranmer, 2019; Leifeld, 2020).

재난이 발생하면 모든 것은 원점으로 돌아간다. 일상의 규범과 규칙은 파괴되고 재난의 현장은 혼돈으로 뒤덮인다. 그리고 이때 왜 이런 일이 발생했는지에 대한 상황 규정과 설명, 그리고 문제 해결과 예방의 책임은 그 주인을 찾기 시작한다. 재난 상황은 위험에 대한 처리 방식을 강화하고 처리 방식은 결국 정치화로 연결된다. 의제를 설정하고 논의를 주도해서 해결책을 마련하는 것, 발생한 사안에 책임을 묻고 해석과 설명을 하는 것, 그리고 그 과정에서 권력 작용이 일어나는 것이 정치화이기 때문이다(Strong, 1990; Morgan, 2020; 최윤재, 2024; 최윤재 · 전세훈, 2025). 이 때문에 재난 담론에서 재난 자체보다 중요한 것은 '재난을 설명하는 주체의 권력'이 되었다. 그리고 AI가 초래하는 위험 역시 이와 같은 방식으로 정치화하고 있다.

민주주의를 위한 알고리즘 설계

건강한 사람이 되기 위해 균형 잡힌 식습관을 갖는 것은 중요하다는 것에 문제를 제기하는 이들은 없을 것이다. 그리고 이는 비단 인간에게 공급되는 음식에만 해당되는 것은 아니다.

조금 우스운 상상을 해 보자. 보통 아이들이 식사 자리에서 음식을 준비해 준 부모에게 반찬 투정을 하는 경우가 있다. 혹은 부모가 아이에게 먹기 싫어하는 브로콜리나 나물 반찬 등을 먹으라고 강요하는 경우가 있다. 그런데 만일 부모가 아이에게 식사 시간마다 매우 달콤한 아이스크림, 과자, 아주 맵고 자극적이지만 아이들이 좋아하는 음식만을 내어준다고 할 때, 아이가 부모에게 "왜 매일 내가 좋아하는 음식만 해 주는 거예요"라고 화를 낸다고 해 보자. 생각만 해도 어처구니가 없어서 웃음이 나온다. 말도 안 된다. 그런데 우리는 이러한 상황이 필요하다. AI를 향해 "넌 왜 매번 인간이 좋아하는 것만 제공해 주는 거야"라고 항변할 수 있어야 한다. 보다 엄밀히 말하면 알고리즘을 설계하는 개발자들에게, 자본의 이해관계로 얽혀 있는 기업가들에게 소리쳐야 한다.

현재까지의 AI 알고리즘은 우리 건강에 좋은 양질의 균형 잡힌 정보를 제공하지 않는다. 우리의 건강이 어찌되든 우리가 좋아하는 것, 살찌는 것만 줄 뿐이다. 그리고 그렇게 설계되어 강화되고 있기도 하다. 이것이 AI가 우리의 민주주의를 위협하는 것을 넘어 민주주의를 확장할 수 있도록 근본적인 방향 전환을 위해 필요한 가장 핵심적인 요인이다. 이러한 개념이 선행되어야 다음의 설계 원칙이 적용될 수 있다.

첫째, 다양성이다. 알고리즘은 사용자에게 익숙한 정보만 제공해서는 안 된다. 다양한 견해와 관점을 균형 있게 노출함으로써 공론장을 복원해야 한다. 여기서 말하는 다양성이란 단지 의견의 수를 늘리는 것이 아니라, 상반된 가치와 불편한 진실, 심지어는 현재 대중적으로 환

영받지 않는 소수 의견까지도 포함하는 것을 의미한다. 익숙하고 편안한 정보만 반복해서 제공되면 사용자는 사고의 확장 가능성을 상실하게 되며, 이는 사회 전반의 인식 지형을 협소하게 만든다. 아이러니하지만, 인기가 없는 콘텐츠, 덜 소비되는 시각도 등장 알고리즘에 의도적으로 포함되어야 한다. 공론장이란, 서로 다른 목소리가 충돌하며 생겨나는 공간이어야 하기 때문이다.

둘째, 투명성이다. 알고리즘의 작동 방식을 명확히 공개하고, 사용자가 이해하고 통제할 수 있는 해석 가능한 기술로 전환해야 한다. 우리가 무엇을 제공받고 있는지, 그것은 누가 언제 어디서 어떻게 그리고 왜 제공하는지 정보 출처를 밝힐 의무가 있다. 아마 대부분의 사람들은 전자제품을 구매하고 동봉된 제품 사용 설명서를 읽지 않을 것이다. 깨알 같은 글씨로 필요한 거의 모든 정보가 빼곡하게 담겨 있는 사용 설명서 말이다. 하지만 그럼에도 해당 설명서는 늘 동봉되어 있다. 읽고 안 읽고는 사용자의 선택이자 권리다. 그렇기에 AI 사용자 역시 원하면 언제든 관련 정보를 얻을 수 있는 법적, 제도적 장치가 필요하다.

셋째, 책임성이다. 플랫폼 기업은 알고리즘으로 인한 사회적 분열이나 갈등에 명확한 책임을 져야 한다. 이는 단순한 도의적 책임이 아닌, 법적·제도적 책임까지 포함하는 개념이다. 알고리즘은 이제 사회의 의제를 설정하고 여론의 흐름을 주도하는 실질적 권력 도구가 되었다. 이러한 도구가 무분별하게 작동했을 때 발생하는 사회적 피해—가짜뉴스, 혐오 확산, 여론 왜곡 등—는 더 이상 개인의 책임이나 해프닝으로 간주되어서는 안 된다. 기업의 사회적 책임을 알고리즘 영역에도 확대 적용하고, 이를 정기적으로 평가하고 감독하는 시스템이 마련되어야 한다. '기술은 중립적이다'라는 변명은 더 이상 통하지 않는다.

넷째, 자율성이다. 정보 소비에서의 자율성은 민주주의의 핵심이다. 알고리즘이 제공하는 정보는 이제 단순한 편의를 넘어 정치적 판단, 사회적 결정을 좌우하는 수준에 이르렀다. 그렇기 때문에 사용자는 자신이 어떤 정보를 얼마나, 어떤 방식으로 소비할지 스스로 결정할 수 있어야 한다. 구체적으로는 알고리즘 필터의 조정 옵션, 정보 노출 비율의 사용자 설정 기능, 자동 추천 해제 권한 등이 이에 해당한다. 또한 정보 선택의 자율성은 정보 접근의 평등성과도 연결된다. 일부 소수만이 알고리즘의 작동 원리나 설정 변경 방법을 알 수 있는 구조는 결국 정보 권력의 불평등으로 이어진다. 사용자가 단순한 수용자가 아니라, 능동적인 참여자가 될 수 있도록 설계되어야 한다.

AI 시대의 민주주의를 향한 새로운 상상력

결국 민주주의를 위한 알고리즘은 가능하다. 그러나 이를 위해서는 우리가 알고리즘을 바라보는 시각 자체를 바꿔야 한다. 알고리즘은 민주주의의 가치를 축소하는 도구가 아니라, 오히려 민주주의의 가치를 확장하고 심화하는 도구가 되어야 한다.

새롭지만 알고 보면 익숙한 AI 시대에는, 민주주의를 위한 새로운 설계 원칙과 상상력이 필요하다. 알고리즘을 더 이상 통제의 도구가 아닌, 민주주의의 실천적 기반으로 재구성해야 한다. 그리고 이를 위해서 기술적 논의뿐만 아니라, 철학적이고 윤리적이며 사회적인 논의가 함께 이루어져야 한다.

우리가 원하는 민주주의는 무엇인가? 그리고 알고리즘은 그 민주주의를 어떻게 도울 수 있는가?

사람들은 질문이 구체적일수록 답도 구체적이라고 한다. 동일한 맥락에서 우리가 알고리즘을 어떻게 설계하고, 어떻게 규제할지에 따라 민주주의의 미래는 결정된다. 그리고 그 과정에서 이 책의 첫머리에서 이야기했던 요술 맷돌의 교훈, 즉 '과하면 아니함만 못하다'는 과유불급(過猶不及)의 뜻을 잊어서는 안 된다.

AI의 가능성과 한계를 살피려면, 인간 지능의 가능성을 믿고 그 한계를 극복해야 한다.

AI의 위험성을 이야기하려면, 먼저 인간 지능의 위험성을 들여다보아야 한다.

AI는 인간을 더 강하고, 더 빠르게 만들어 주는 날개다. 그래서 AI의 문제를 지적하려면, 언제나 먼저 인간의 문제를 되돌아보아야 한다.

인공지능은 인간 지능이 만들었다.

참고문헌

오세욱(2018). "알고리즘화(Algorithmification): 미디어의 핵심 논리로서 알고리즘". 《언론정보연구》, 55(2), 74~111쪽.

이희은(2019). "유튜브의 기술문화적 의미에 대한 탐색: '흐름'과 알고리즘 개념의 재구성을 중심으로". 《언론과 사회》, 27(2), 5~46쪽.

정원섭(2020). "인공지능 알고리즘의 편향성과 공정성". 《인간·환경·미래》, 25, 55~73쪽.

최윤재(2024). "코로나19 팬데믹에 대한 재난담론 연구". 고려대학교 박사학위논문.

Barnes, A. J. et al.(2024). AI and culture: Culturally dependent responses to AI systems. *Current Opinion in Psychology, 58*, 101838.

Beck, U.(1992). *Risk society: Towards a new modernity (Vol. 17).* Sage.

Beck, U.(2009). *World at risk.* Polity.

Biju, P. R. & Gayathri, O.(2025). Algorithmic solutions, subjectivity and decision errors: a study of AI accountability. *Digital Policy, Regulation and Governance, 27*(5), pp.523~552.

Boin, A. et al.(2005). *The politics of crisis management: Public leadership under pressure.* Cambridge University Press.

Boin, A. et al.(eds.).(2008). *Governing after crisis: The politics of investigation, accountability and policy change.* Cambridge University Press.

Brosius, H. B. & Bathelt, A.(1994). The utility of exemplars in persuasive communications. *Communication Research, 21*(1), pp.48~78.

Burrell, J. & Fourcade, M.(2021). The society of algorithms. *Annual Review of Sociology, 47*(1), pp.213~237.

Chan, C. K.(2016). Defining health risk by media template: Hong Kong's news discourse of the Swine Flu pandemic. *Journalism, 17*(8), pp.1018~1036.

Cheng, L. et al.(2021). Socially responsible AI algorithms: Issues, purposes, and challenges. *Journal of Artificial Intelligence Research, 71,* pp.1137~1181.

DiMaggio, P. et al.(2013). Exploiting affinities between topic modeling and the sociological perspective on culture: Application to newspaper coverage of U.S. government arts funding. *Poetics, 41*(6), pp.570~606.

Douglas, M. & Wildavsky, A. B.(1983). *Risk and culture: An essay on the selection of technological and environmental dangers*. University of California Press.

Dourish, P.(2016). Algorithms and their others: Algorithmic culture in context. *Big Data & Society, 3*(2).

Gamson, W. A. & Modigliani, A.(1989). Media discourse and public opinion on nuclear power: A constructionist approach. *American Journal of Sociology, 95*(1), pp.1~37.

Goffman, E.(1974). *Frame analysis: An essay on the organization of experience*. Northeastern University Press.

Gregory, J. & Miller, S.(2000). *Science in public: Communication, culture, and credibility*. Basic Books.

Hall, S. et al.(1978). *Policing the crisis: Mugging, the state, and law and order*. Palgrave Macmillan.

Kempt, H. & Heilinger, J. C.(2024). The Ethics of (Generative) AI. *Critical AI, 2*(1).

Leifeld, P. & Cranmer, S. J.(2019). A theoretical and empirical comparison of the temporal exponential random graph model and the stochastic actor-oriented model. *Network Science, 7*(1), pp.20~51.

Leifeld, P.(2020). Policy debates and discourse network analysis: A research agenda. *Politics and Governance, 8*(2), pp.180~183.

Morgan, M.(2020). Why meaning-making matters: The case of the UK Government's COVID-19 response. *American Journal of Cultural Sociology, 8*, pp.270~323.

Oomen, T. et al.(2024). Rage Against the Artificial Intelligence? Understanding Contextuality of Algorithm Aversion and Appreciation. *International Journal of Communication, 18*, pp.609~633.

Russell, L. D. & Babrow, A. S.(2011). Risk in the making:

Narrative, problematic integration, and the social construction of risk. *Communication Theory, 21*(3), pp.239~260.

Selvarajah, K. et al.(2019). Identifying a team of experts in social networks using a cultural algorithm. *Procedia Computer Science, 151*, pp.477~484.

Strong, P.(1990). Epidemic psychology: A model. *Sociology of Health & Illness, 12*(3), pp.249~259.

Tsamados, A. et al.(2022). The ethics of algorithms: key problems and solutions. *AI & Society, 37*(1), pp.215~230.

Turner, R. H. & Killian, L. M.(1972). *Collective behavior (2nd ed.)*. Prentice-Hall.

Ungar, S.(1992). The rise and relative decline of global warming as a social problem. *The Sociological Quarterly, 33*(4), pp.483~501.

Yam, K. C. et al.(2023). Cultural differences in people's reactions and applications of robots, algorithms, and artificial intelligence. *Management and Organization Review, 19*(5), pp.859~875.

최윤재

한림대학교와 고려대학교에서 사회학을 전공하고 고려대학교에서 "코로나19 팬데믹에 대한 재난담론 연구"로 박사학위를 받았다. '재난은 어떻게 이야기되는가', '기술은 어떻게 사회를 바꾸는가'라는 질문을 중심에 두고 정보 사회와 위험사회를 주요 연구 주제로 삼아 학문적 탐구와 강의를 이어 오고 있다. 관련 주제를 국내 주요 학회에 발표하며 연구의 외연을 확장해 왔으며, 현재 고려대학교와 한림대학교에서 '현대사회의 이해', '한국사회의 구조와 변동', '비교사회학' 등을 강의하고 있다.